AKADEMIETHEATER
1995/96

Herausgeber:
Burgtheater Wien
Programmbuch Nr. 149
5. Jänner 1996
Redaktion: Dramaturgie
Gesamtherstellung:
Agens-Werk Geyer + Reisser, Wien

MOLIÈRE

DER MENSCHENFEIND

(LE MISANTHROPE)

INHALT

Molière
DER MENSCHENFEIND
Deutsch von Jürgen Gosch
und Wolfgang Wiens

Alceste	Oliver Stokowski
Philinte	Joseph Lorenz
Oronte	Franz J. Csencsits
Célimène	Andrea Clausen
Eliante	Tamara Metelka
Arsinoé	Sabine Orléans
Acaste	Michael Rotschopf
Clitandre	Johannes Krisch
Basque	Erol Ünsalan
Dubois	Heinz Frölich
Ein Offizier	

Sänger	Aina Holtz
	Michael Paumgarten
	Alexander Mayr
	Clemens Mondolfo
	Christian Scherler

Inszenierung	Matthias Hartmann
Bühnenbild	Momme Röhrbein
Kostüme	Angelika Rieck
Musik	Rainer Jörissen
Dramaturgie	Hermann Beil,
	Isabella Niemann

Regieassistentin	Annette Hüfner
Bühnenbildassistentin	Stefanie Wilhelm
Kostümassistent	Christof Cremer
Volontäre	Christina Lieb (Regie)
	Monika Bigler (Bühnenbild)
	Susanne Kallinger (Kostüme)
Inspizient	Herbert Hoffmann
Souffleuse	Andrea-Maria Purkhauser
Technische Einrichtung	Friedrich Rossipaul,
	Johann Bugnar
Beleuchtung	Peter-Heinz Watzek
Ton	Andreas Büchele
Maske	Franz Huc,
	Sylvia Steinriegl
Kostümwerkstätten	Annette Beaufaÿs
Produktionsbetreuung	Gerlinde Höglhammer
Dekorationswerkstätten	Pantelis Dessyllas
Produktionsbetreuung	Manfred Speiser
Dekorations- und	Werkstätten der
Kostümherstellung	Bundestheater

Keine Pause

DANK AN DEN KÖNIG *

Als Boileau von Ludwig XIV. gefragt wurde,
wer der wertvollste Dichter des Zeitalters sei,
antwortete er: „Majestät, das ist Monsieur
Molière." „Das hätte ich nicht gedacht",
erwiderte der König, „aber Sie müssen es ja
besser wissen."
Egon Friedell

* geschrieben von Molière nach dem Empfange einer Pension
im Jahre 1663

König Ludwig XIV. als Apoll, anonymer Kostümentwurf, 1654

 eine Trägheit macht mir Sorgen,
Komm, Muse, mir beizustehn;
Du musst durchaus heute Morgen
Zum Lever des Königs gehn.
Du wirst den Grund schon verstehn;
Und hättest Dich schämen sollen
Nicht früher ihm Dank zu zollen
Für was er Dir Grosses verlieh;
Doch besser spät als nie.
Drum mach Dich nun auf die Sohlen,
Versäumtes schnell nachzuholen.
Doch geh nicht in Musentracht,
Sonst wirst Du bei Hof nur verlacht.
Man sieht dort gern was den Blick erfreut,
Und die beste Hülle, die sich Dir beut,
Gefallen zu wecken, ist sicher die,
Dass Du erscheinst wie ein Marquis.
Du weisst was nöthig so zu erscheinen
Um Würde mit Kleidung zu vereinen.
Einen Hut mit dreissig Federn schmücke,
Und pflanze ihn auf eine mächtige Perrücke.
Dein Kragen muss gross von Umfang sein;
Dagegen Dein Brustlatz möglichst klein,
Und einen Mantel musst Du tragen
Mit Band auf die Schulter zurückgeschlagen;
Das wird Dir gleich ein Ansehn geben,
Dich unter die Ersten am Hof zu erheben.
Ganz Deiner Würde bewusst,
Mit stolz gehobener Brust,
Duftend von Salben und Narden,
Durchschreite den Saal der Garden,
Und, Dich zierlich kämmend im Schreiten,

Wirf die Blicke nach allen Seiten,
Um, wen Du von fern magst erkennen
Als hochgestellte Person,
Laut grüssend beim Namen zu nennen
In möglichst vertraulichem Ton;
Das lässt Dich selbst dann als einen
Der Höchstgestellten erscheinen.
Mit Deinem Kamme kratze
An der Thüre zum Königsgemach,
Oder ist der Andrang am Platze
Zu gross und lässt nicht nach,
So halt' hoch den Hut in der Hand,
Dass man Dich weithin bemerke,
Oder nimm einen höhern Stand
Und zeig Deiner Lungen Stärke,
Schrei', als brennt' es lichterloh,
Dem Pförtner zu über die Menge:
„Platz für den Marquis So und so!"
Dann ellboge Dich durch's Gedränge,
Setz' alle Rücksicht beiseite
Im vorwärts stürmenden Streite,
Bis Du glücklich den Pförtner erreicht.
Und wenn Dir dieser nicht weicht,
Sondern wagt sich zu widersetzen,
So lass Dich das nicht verletzen,
Denn gelungen ist Dir das Schwerste:
Du bist vor der Thüre der Erste,
Und thut sie sich auf und man presst Dich hinein,
So wirst Du auch drinnen der Erste sein.
Da hebt der Kampf nun von Neuem an,
Bis zum Sitze der Majestät hinan,
Und sollt' es Dir nicht gelingen

Bis zum Könige vorzudringen,
So warte, bis ihn das Geschick
An Dir vorbeiführt, hübsch geduldig,
Er kennt Dich auf den ersten Blick,
Trotz der Verkleidung, und wird huldig
Mit offenem Ohr sich zu Dir wenden,
Wenn Du für seine reichen Spenden
Ihm dankst, die er so oft erneut,
Da er mit immer vollen Händen
Weit mehr als Du verdienst, Dir beut.
Versprich ihm, ganz für ihn zu leben,
Auf der Begeisterung kühnsten Flügen
Den höchsten Zielen nachzustreben
Zu seinem Ruhme und Vergnügen.
Die Musen sind gross im Versprechen
Und thun leicht des Guten zuviel;
Ich muss Dich daher unterbrechen,
Um schneller zu kommen an's Ziel,
Denn es hören die grossen Herrn,
Allzulange Reden nicht gern.
Und besonders unsern König
Beschäftigen ernstre Pflichten
Als zu hören, was ruhmestönig
Die Musen von ihm berichten:
Sobald man ihm in's Gesicht
Von Huld und Gnade spricht,
Stockt man beim ersten Wort,
Denn alles erräth er sofort,
Um wunderbar lächelnd zu zeigen,
Man thäte besser zu schweigen.

Molière

DAS STÜCK

*„Es gibt nichts in dieser Komödie, was nicht
nützlich sein könnte und aus dem man nicht
Gewinn ziehen sollte."*
Donneau de Visé*

* Brief über die Komödie des „Menschenfeindes", geschrieben anläßlich
der Uraufführung des Stückes am 4. Juni 1666.

PERSONEN

ALCESTE
PHILINTE
ORONTE
CÉLIMÈNE
ÉLIANTE
ARSINOÉ
ACASTE
CLITANDRE
BASQUE
GARDIST
DUBOIS

ERSTER AUFZUG

ERSTER AUFTRITT

Alceste, Philinte

PHILINTE

Was ist? Was haben Sie?

ALCESTE

Lassen Sie mich allein!

PHILINTE

Müssen Sie denn immer gleich so unfreundlich sein?

ALCESTE

Sie sollen mich in Ruhe lassen, Herr! Sie stören!

PHILINTE

Sollte man, bevor man sich erregt, den andern nicht erst hören?

ALCESTE

Ich reg mich aber auf und hören will ich nicht.

PHILINTE

Sie haben Sorgen? Dann ist es meine Pflicht,
Daß ich mich als Ihr Freund –

ALCESTE

Was soll ich sein?

Ihr Freund? Das bilden Sie sich bloß nicht ein!
Ich bins die längste Zeit gewesen. Denn so,
Wie Sie sich neuerdings benehmen, wär ich froh,
Wenn unsre Wege sich so schnell wie möglich trennen.
Ich kann Sie meinen Freund nicht länger nennen.

PHILINTE

Was hab ich denn getan, Alceste? Was fällt dir ein?

ALCESTE

Du müßtest längst vor Scham gestorben sein.
So ein Benehmen kann man einfach nicht verzeihn,
Wer auch nur etwas Anstand hat, muß dieser Meinung sein.
Neulich sah ich Sie – Sie sind an mir vorbei gerannt –
Sie stürzten auf jemand zu, Sie drückten ihm die Hand,
Sie nannten ihn Ihren Freund, Sie fielen ihm um den Hals,
Sie konnten sich vor Freude kaum lassen. Doch als
Er endlich ging und ich es wagte, Sie nach dem Herrn zu fragen,
Da fiel es Ihnen schwer, mir seinen Namen nur zu sagen.
Erst umarmen Sie ihn und tuen furchtbar wichtig,
Dann stellt sich heraus, Sie kennen ihn nicht einmal richtig.
Nein! So ein Benehmen ist schamlos und gemein,
Ich würde mir so etwas nie verzeihn.
Wenn mich einmal die Umstände zu sowas zwängen,
Ich würde mich am gleichen Tag erhängen.

PHILINTE

Ich finde meinen Fall noch nicht zum Hängen,
Und wenn Sie mich nicht weiter drängen
Und mir für dieses Mal verzeihn,
Dann lassen wir das Hängen lieber sein.

ALCESTE

Machen Sie hier keine Witze.

PHILINTE

                    Im Ernst, Alceste,
Was soll man tun?

ALCESTE

                    Sehr einfach: Man unterläßt
Die Heuchelei. Man redet, was man denkt,
Damit das Herz die Worte lenkt.

PHILINTE

Wenn einer auf mich zukommt mit strahlendem Blick,
Da zahl ich doch mit gleicher Münze zurück.

16

Umarmt er mich heiß, dann bleib ich nicht kühl,
Liebe für Liebe, Gefühl für Gefühl.

ALCESTE

Was hab ich denn davon, wenn so ein Mensch mich überfällt,
Mich lobt, mich an die Spitze seiner Freunde stellt,
Wenn er sich gleich darauf dem Nächsten zuwendet,
Und ihm genau dasselbe Lob wie mir gerade spendet?
Wer etwas Wert legt auf seine eigene Person,
Für den sind solche Komplimente der schiere Hohn.
Selbst wenn das Lob begründet wär in meinem Falle,
Ein Lob ist kein Lob, gilt es für alle.
Und da ich zu oft sah, wie Sie dies Spiel mitmachten,
Kann ich Sie länger nicht als meinen Freund betrachten.
Ihr weites Herz, das keine Unterschiede kennt,
Ist mir zu groß – das ist es, was uns trennt.
Ich will der sein, der ich bin, ich!
Ein Freund für alle ist kein Freund für mich.

PHILINTE

Man ist nun einmal auf der Welt,
Und kann nicht tun, was einem gefällt.

ALCESTE

Doch! Kämpfen soll man und ohne Erbarmen
Gegen dieses Küssen und dieses Umarmen!
Man erweise sich doch endlich mal als Mann
Und rede über jeden so ehrlich, wie man kann!
Was man empfindet, soll man deutlich zeigen
Und nicht die Wahrheit durch Komplimente verschweigen.

PHILINTE

Sie hassen jemanden, Sie können ihn nicht ertragen –
Und müssen ihm das auch noch sagen?

ALCESTE

Ja.

PHILINTE
Sie würden wirklich, träfen Sie die arme Emilie, ihr sagen —

ALCESTE
Gewiß.

PHILINTE
Und wenn Sie Bruno träfen, Sie würdens wagen —

ALCESTE
Auch das.

PHILINTE
Nein!

ALCESTE
Ja.

PHILINTE
Sie scherzen.

ALCESTE
Ich denke nicht daran.
In diesem Punkte leg ich mich mit jedem an.
Die Augen tun mir weh; wo ich auch hinseh —: Alle,
Bei Hof, in der Stadt, alle reizen meine Galle.
Nur dem Trübsinn kann ich mich ergeben,
Wenn ich sehe, wie die Leute leben.
Wirklich, dieser Jammer ist kaum noch zu ertragen,
Ich könnt die ganze Welt erschlagen.

PHILINTE
Ich hatte mal einen Bekannten —

ALCESTE
Sie sollen mich nicht immer vergleichen!

PHILINTE
Was wolln Sie denn damit erreichen:
Die Welt wird doch nicht anders werden,
Und wenn Sie sich noch so wild gebärden.
Aber da Sie Offenheit über alles schätzen,
Hoffe ich jetzt, Sie nicht zu verletzen:

In Ihrem Kampf gegen die menschliche Natur
Wurden Sie selbst schon zur komischen Figur.

ALCESTE

Das will ich ja. Das ist ein gutes Zeichen.
Das freut mich. Genau das wollte ich erreichen.
Ich müßte meinen Glauben an mich selbst verlieren,
Würden mir die Leute auch noch applaudieren.

PHILINTE

Und niemand bleibt verschont? Es gilt in jedem Falle?

ALCESTE

Nein, keinen laß ich aus. Ich hasse alle, alle.
Nimm nur den Herrn, mit dem ich prozessiere,
Sowas frißt Dreck, kommt hoch durch Korruption
Und hat auf einmal eine Position.
Die ganze Welt kennt ihn als Schwein,
Und dennoch lädt ihn jeder zu sich ein.
Man küßt ihn, drückt ihn, lacht mit ihm,
Und ist in jeder Hinsicht sehr intim.
Daß man sich derart mit dem Laster ins Benehmen setzt,
Das ist es, was mich täglich neu verletzt.
Am liebsten möcht ich in die letzte Wüste gehn,
Um keinen Menschen mehr zu sehn.

PHILINTE

Ach Gott, die Menschen sind nun einmal so.
Wer sich entzieht, wird dadurch auch nicht froh.
Ließen Sie nur etwas Nachsicht walten,
Dann könnten Sies auch gut und gerne hier aushalten.
Gewiß, es würde manches heutzutage besser unterbleiben,
Aber man kann die Strenge und Moral auch übertreiben.
Auch ich stoße mich jeden Tag an hundert Dingen,
Die besser wären, wenn sie anders gingen.
Ich finde auch nicht alles gut, ich bin nicht blind,
Aber man muß die Menschen nehmen, wie sie sind.

Und dies mein Phlegma bewährt in jedem Falle
Sich besser als Ihre grüne Galle.

ALCESTE

Und dieses Phlegma, in dem Sie so zufrieden sitzen,
Läßt sich durch nichts und niemanden erhitzen?
Zum Beispiel, wenn ein guter Freund Sie hintergeht,
Und Ihr Vermögen auf dem Spiele steht,
Und nur der Spott bleibt Ihnen als Gewinn,
Das alles nehmen Sie gelassen hin?

PHILINTE

Ja. Ich halte das, wovon Sie sprechen,
Für natürlich, für unsre Schwächen.
Verhält ein Mensch sich so, erregt es mich nicht mehr,
Als fiele ein Geier über seine Beute her,
Als würde ein Wolf ein Schaf verschlucken,
Oder zwei Affen sich in die Gesichter spucken.

ALCESTE

Ja, wenn Sie das alles in Ordnung finden,
Dann muß ich mich nicht länger überwinden:
Ich rede kein Wort mehr. Es hat keinen Sinn.

PHILINTE

Womit ich ausnahmsweise Ihrer Meinung bin.
Statt sich mit mir um nichts zu streiten,
Sollten Sie lieber Ihren Prozeß vorbereiten.

ALCESTE

Das ist genau das, was ich nicht mache.

PHILINTE

Welcher Anwalt vertritt Ihre Sache?

ALCESTE

Die Vernunft und das Recht, sonst habe ich keinen.

PHILINTE

Und von den Richtern? Besuchen Sie einen?

ALCESTE

Warum? – Oder zweifeln Sie an meinem Recht?

PHILINTE

Durchaus nicht. Doch ist es meistens schlecht,
Wenn nur der Gegner –

ALCESTE

Ich tue keinen Schritt.

Recht bleibt Recht!

PHILINTE

Rechnen Sie nicht damit!

ALCESTE

Ich rühr mich nicht vom Fleck.

PHILINTE

Ihr Gegner ist bei Gericht

Sehr angesehn –

ALCESTE

Das interessiert mich nicht!

PHILINTE

Wenn Sie sich nur nicht irren –

ALCESTE

Das werde ich riskieren.

PHILINTE

Und den Prozeß –

ALCESTE

Mit Freuden dann verlieren.

PHILINTE

Wie bitte, was?

ALCESTE

Die Erfahrung wär zu schön,
Fast wünsch ich mir, verurteilt mich zu sehn.

PHILINTE

Sie sind nicht recht bei Trost.

ALCESTE

Das wäre der Beweis,
Auf den ich warte. Dafür zahl ich jeden Preis.

PHILINTE

Das ist verrückt. Doch eins möcht ich noch wissen:
Finden Sie die Tugenden, die Sie überall vermissen,
Denn hier im Hause, wo Sie lieben?
Wo sind da Ihre Grundsätze geblieben?
Wie kann ein Mann, der alle haßt, für jemand schwärmen?
Noch seltsamer ist allerdings, für wen Sie sich erwärmen.
Die gute Éliante ist Ihnen herzlich zugetan;
Arsinoé, so alt sie ist, himmelt Sie an.
Sie aber sehn nicht, wer Sie wirklich liebt,
Weil es für Sie nur Célimène gibt.
Was Sie bei anderen erregt, bei ihr wird es gelitten,
Diesem Musterbeispiel unserer verkommnen Sitten.
Koketterie und Bosheit, die von Ihnen so gehaßten Sünden,
Bei Ihrer Auserwählten können Sie alle finden.
Weil sie schön ist, sind Ihre Fehler keine Fehler mehr;
Sehn Sie sie nicht? Oder wiegen Sie nicht mehr so schwer?

ALCESTE

Nein, meine Liebe zu dieser jungen Witwe ist nicht blind,
Ich sehe sehr genau, was ihre Fehler sind.
Und ich bin der erste, der, obwohl von ihr entflammt,
Mit gleicher Hitze ihr Benehmen oft verdammt.
Was ich auch unternehme, ich komme nicht von ihr los.
Ich bin zu schwach, meine Liebe ist zu groß.
Außerdem kommt das, was mich an ihr stört,
Nur aus der Welt, in der sie noch verkehrt.
Aber meine Liebe wird stark genug sein,
Sie aus den Fängen dieser Kreise zu befrein.

PHILINTE

Wenn Ihnen das gelingt, dann haben Sie viel erreicht.
Sie glauben sich geliebt?

ALCESTE
Ja, denken Sie vielleicht,
Ich könnte lieben, wo ich nicht Gegenliebe spüre?

PHILINTE
Was störn Sie dann die andern Kavaliere?
Warum solln in diesem Hause keine Gäste sein?

ALCESTE
Wer liebt, will die Geliebte ganz für sich allein.
Deswegen bin ich hier, um ihr zu sagen,
Wie sehr mich ihre ständigen Besucher plagen.

PHILINTE
Ich würde eher nach Éliante, ihrer Cousine, fragen,
Doch leider darf ich es nicht wagen:
Sie liebt ja Sie, das ist nur allzu klar,
Und wirklich, ihr wärt ein ideales Paar.

ALCESTE
Das stimmt; die Vernunft hat es mir oft gesagt,
Doch wann hat Liebe die Vernunft gefragt?

PHILINTE
Alceste, ich hoffe sehr, daß es nicht anders kommen mag,
Als wir uns wünschen –

ZWEITER AUFTRITT

Alceste, Philinte, Oronte

ORONTE
Guten Tag!
Die Damen, höre ich, sind ausgegangen,
Célimène kauft ein, und Éliante ist mitgegangen.
Doch Sie sind da, das find ich schön,

Denn schon seit Wochen wollte ich Sie sehn.
Sie müssen endlich wissen, wie sehr ich Sie verehre,
Daß es für mich und meine Kunst das Schönste wäre,
Daß Sie uns unendlich glücklich machten,
Wenn Sie uns von heute an als Ihren Freund betrachten.
Wo ich Genie erkenne, kenne ich kein Halten,
Gemeinsam muß sich unser Talent entfalten.
Ich glaube, daß ein Mann von meiner Qualität
Erwarten darf, daß man ihn nicht verschmäht. —
Verzeihen Sie, mein Herr, mit Ihnen spreche ich.

ALCESTE

Mit mir?

ORONTE

Mit Ihnen, ja. Finden Sie das lächerlich?

ALCESTE

Das nicht, mein Herr. Ich kann es nur nicht fassen,
Warum Sie ausgerechnet mich zu dieser Ehre kommen lassen.

ORONTE

Sie sind erstaunt? Das find ich schön.
Einen so großen Mann so bescheiden zu sehn.

ALCESTE

Mein Herr —

ORONTE

Dabei wissen wir doch beide,
Daß nicht nur ich Sie um Ihr Ansehen beneide.

ALCESTE

Mein Herr —

ORONTE

Was man Ihnen auch bieten kann,
An Ihre wahren Verdienste reicht es nie heran.

ALCESTE

Mein Herr —

ORONTE
Wenn auch nicht alle Ihren Wert erkennen,
Ich jedenfalls werde Sie stets als ersten nennen.

ALCESTE
Mein Gott –

ORONTE
Der Himmel soll mich strafen, wenn ich lüge;
Damit Sie sehn, daß ich Sie nicht betrüge,
Drücke ich Sie an mein Herz und bestehe darauf:
Sie nehmen mich noch heute unter Ihre Freunde auf.
Hier, meine Hand! – So nehmen Sie sie doch!
Wir sind jetzt Freunde.

ALCESTE
Herr –

ORONTE
Sie zögern noch?

ALCESTE
Herr –, Ihr Angebot, es ehrt mich sehr,
Doch Freundschaft, das ist für mich doch etwas mehr.
Das schöne Wort wird, fürchte ich, zu leicht beschmutzt,
Wenn man es immerzu und überall benutzt.
Man muß sich kennen, bevor man sich verbindet;
Man muß prüfen, was man füreinander empfindet.
Unser beider Wesen könnte so verschieden sein,
Daß wir den schnellen Schritt am nächsten Tag bereun.

ORONTE
Das find ich schön. Wir warten ab, das muß vorerst genügen.
doch können Sie schon jetzt ganz über mich verfügen.
Was kann ich für Sie tun? Etwas bei Hof vielleicht?
Ich habe dort schon viel erreicht.
Sogar der König hat sich einmal über meinen Rat gefreut,
Und wen ich ihm empfahl, der hat es nie bereut.
Und nun zu etwas, was uns ganz und gar zu Freunden macht,

Ich habe Ihnen etwas mitgebracht.
Nichts Großes – ein Sonett. Ich habs heut früh geschrieben.
Sie solln mir raten – ich stelle es in Ihr Belieben:
Soll ich es drucken lassen oder es vernichten?

ALCESTE

Ich bin nicht kompetent, auf diesem Feld zu richten;
Ersparen Sie es mir.

ORONTE

Warum?

ALCESTE

Ich halt es nicht wie alle Welt,
Ich sage, wenn mir etwas nicht gefällt.

ORONTE

Das müssen Sie! Sie würden mich sehr kränken,
Würden Sie mir keinen reinen Wein einschenken.
Von Ihnen nehm ich jeden Tadel gerne an.

ALCESTE

Wenn das so ist, fangen Sie an.

ORONTE

„Sonett" – es ist ein Sonett. „Die Hoffnung" – das ist eine Dame,
Das heißt, Hoffnung ist nicht ihr richtiger Name,
Ich habe das Gedicht nur so genannt,
Denn eine Dame – sie ist nicht ganz unbekannt –
Hat mich zu diesen Versen inspiriert:
Sie machte mir Hoffnung und hat mich dann doch nicht erhört.
„Sonett – Die Hoffnung" – es ist ein Sinngedicht,
Nicht ganz im Stil der Zeit, eher zart und schlicht.

ALCESTE

Das werden wir ja sehn.

ORONTE

„Hoffnung" – ich hoffe, mein Stil
Ist nicht zu leicht für Ihr Gefühl.
Auch wird die Wortwahl Ihnen nicht immer zusagen.

ALCESTE

Das wird sich zeigen.

ORONTE

Einen Umstand muß ich noch beklagen:
Ich hatt heut früh nur fünf Minuten. So schnell schrieb ich sonst
nie.

ALCESTE

Die Zeit spielt keine Rolle. Lesen Sie!

ORONTE

Sonett
Die Hoffnung
Die Hoffnung nimmt uns die Sorgen,
Wenn Sie uns Erfüllung verspricht.
Doch, Phyllis, was wird aus uns morgen,
Verlangst du noch immer Verzicht?

PHILINTE

Sehr schön! Schon dieses erste Stück ist sehr schön ausgedrückt.

ALCESTE

Das finden Sie schön? Sind Sie verrückt?

PHILINTE

Besonders die Reime sind Ihnen ge...lungen.

ORONTE

Erst schürtest du mein Verlangen,
Du hast mir die Wange gewährt.
Doch jetzt, da läßt es mich bangen:
Du hast nur die Hoffnung genährt.

PHILINTE

Das haben Sie sehr behutsam formuliert.

ALCESTE

Das ist doch völlig gedankenlos hingeschmiert.

ORONTE

Ich kann nicht länger mehr warten,
Meine Seele ist wie ein Garten,
Sie stirbt, wenn man sie nicht begießt.

27

Ach, sei doch, o Phyllis! nicht spröde,
In meinem Herzen entsteht eine Öde,
Wenn nur die Hoffnung dort sprießt.

PHILINTE

Der Schluß ist gut. Nicht wahr, Alceste,
Der Schluß –

ALCESTE

Der Schluß gibt mir den Rest.

PHILINTE

Sie sollten keinen Augenblick in diesem Haus verweilen,
Sondern unverzüglich zu Ihrem Drucker eilen.

ORONTE

Sie schmeicheln mir, mein Herr, doch was ist später?

PHILINTE

Nein, nein, ich schmeichle nicht.

ALCESTE

Was tust du denn, Verräter?

ORONTE

Aber Sie, Alceste, Sie werden an unsere Verabredung denken,
Und mir reinen Wein einschenken.

ALCESTE

Ja, Herr –, die Materie ist äußerst schwierig,
Wer ein Schöngeist ist, der ist auf Lob begierig.
Zu einem jungen Mann – der Name spielt hier keine Rolle –
Sagte ich unlängst, daß er sich beherrschen solle;
Von allen Trieben, die ihn zwicken,
Sollte er besonders den des Reimens unterdrücken.
Vor allem aber sei dem Dillettanten zu empfehlen,
Nicht andre noch mit seiner Kunst zu quälen.
Man werfe sich nicht in eines Dichters Positur,
Man macht doch nur eine schlechte Figur.

ORONTE

Sagen Sie das, um mir zu erklären, daß ich mein Gedicht
Besser nicht aufgesagt hätte?

ALCESTE
Das sage ich nicht.
Aber ihm sagte ich, es ist schon passiert,
Daß ein einziger Vers einen ganzen Ruf ruiniert.
Und hätte man sonst nur gute Eigenschaften,
Dieser Vers bleibt bei den Leuten haften.

ORONTE
Heißt das, daß einige meiner Verse nichts taugen?

ALCESTE
Das sage ich nicht. Aber ich führte dem Jungen vor Augen,
Um ihm das Schreiben gründlich auszutreiben,
Wieviele dabei verkommen und auf der Strecke bleiben.

ORONTE
Geht das vielleicht gegen mich?

ALCESTE
Das sage ich nicht. Aber ihm sagte ich:
Schon wenn ihr reimt, muß euch der Teufel jucken,
doch dann laßt ihr den Unsinn auch noch drucken.
Ein schlechtes Buch kann ich zur Not verzeihn,
Wenn einer leben muß von seinen Schreiberein.
Du kannst deinen Unterhalt auf andre Art bestreiten,
Darum verschone das Publikum mit deinen Nebentätigkeiten.
Von dem wirst du im besten Falle ausgelacht,
Und hast am Ende nur den Drucker reichgemacht. –
Das gab ich jenem jungen Manne zu verstehn.

ORONTE
Das ist sehr richtig und sehr schön.
Aber sagen Sie, was ist mit meinem Sonett?

ALCESTE
Am besten verstecken Sies im Koffer unter ihrem Bett.
Sie haben nur die letzte Mode imitiert,
Ihre Verse sind unecht und geziert.
Aus Ihren Bildern haben andre schon den letzten Rest

29

Von Leben und Natur vor Jahren rausgepreßt.
Sie reimen nur um des Reimes willen,
Denn was sich reimt, das braucht man nicht zu fühlen.
Nach diesem Muster werden täglich hunderte gestrickt;
Ich habe das Gefühl, daß mich das nach und nach erstickt.
In jedem Volkslied steckt mehr Leben und Natur –
Betrachten Sie nur einmal dieses nur:
So der König mir böt
Seine Hauptstadt Paris,
Wenn entsagen ich tät,
Wenn mein Lieb ich verließ,
Spräch zum König ich gleich:
Armer Fürst, o vergib!
Für Paris, für dein Reich
Ist mein Lieb mir zu lieb.
Sie können ruhig lachen. Das Ganze ist naiv;
Wir habens oft gehört und doch rührt es uns tief.
Wer wahre Sehnsucht kennt, der greift zu solchen Liedern.
Mit Schöngeistern wie euch werd ich mich nie verbrüdern.

ORONTE
Und wenn ich mein Sonett nun doch gelungen finde?

ALCESTE
Dann haben sie vermutlich Ihre Gründe.

ORONTE
Und warum gefällt andern mein Gedicht?

ALCESTE
Weil alle heucheln können, ich kann das nicht.

ORONTE
Sie halten sich wohl für sehr schlau hier oben?

ALCESTE
Schlauer wärs doch wohl, ich würd Sie loben.

ORONTE
Auf Ihr Lob kann ich gut und gern verzichten.

ALCESTE

Das müssen Sie auch. Sie können nicht dichten!

ORONTE

Vielleicht. Doch würde mich noch interessieren,
Wies aussieht, wenn Sies selbst einmal probieren.

ALCESTE

Solche Verse hab ich mehr als genug im Ohr,
Doch schreib ich sie nicht auf und lese sie noch vor.

ORONTE

Sie nehmen Ihren Mund ja ganz schön voll!

ALCESTE

Ich wüßte nicht, warum ich das nicht soll.

ORONTE

Mein kleiner Herr, Ihr großes Maul gefällt mir nicht!

ALCESTE

Mein großer Herr, Sie sind mir ein zu kleines Licht!

PHILINTE

Schluß, meine Herrn, soll das so weitergehn?

ORONTE

Sie haben Recht, das war nicht schön.
Ihr Diener, meine Herrn, ich muß jetzt gehn.

ALCESTE

Ihr Diener, Herr Oronte, Auf Wiedersehn.

DRITTER AUFTRITT

Alceste, Philinte

PHILINTE

Da haben Sies! Sie trafen ihn in seiner Ehre
Und stecken schon wieder in einer Affäre.
Es ging ihm doch nur um ein —

ALCESTE
Nein!

Sie gehn jetzt auch!

PHILINTE
Ich will –

ALCESTE
Sie lassen mich allein!

PHILINTE
Warum?

ALCESTE
Ich kann Sie nicht mehr sehn.

PHILINTE
Aber, Alceste –

ALCESTE
Ich höre nicht mehr zu.

PHILINTE
Mein Freund –

ALCESTE
Das ist die Pest,
Ich gehe. Ich drehe durch, wenn ich Sie länger sehe.

PHILINTE
Sie meinen das nicht so. Ich bleib in Ihrer Nähe.

ALCESTE
La peste de ta chute! Empoisonneur au diable.
Ah morbleu! Mêlez-vous, Monsieur, de vos affaires.
Par là sangbleu! Parbleu! Morbleu!

ZWEITER AUFZUG

ERSTER AUFTRITT

Alceste, Célimène

ALCESTE

Ja, lassen Sie es mich ganz offen sagen,
Ich kann Ihr Benehmen nicht länger ertragen.
So kann es mit uns beiden nicht weitergehn.
Es wäre besser, wir würden uns nicht mehr sehn.
Es hat keinen Sinn, davor die Augen zu verschließen:
Früher oder später werden wir uns doch trennen müssen.
Und würd ich Ihnen tausendmal das Gegenteil versprechen,
Ich schaffe es nicht – ich muß mit Ihnen brechen.

CÉLIMÈNE

Haben Sie dieses Treffen nur vorbereitet,
Weil es sich hier im Hause besser streitet?

ALCESTE

Ich streite nicht. Sie sind es, die mich kränken,
Weil Sie Ihr Herz an jeden verschenken.
Zuviele Menschen betreten jeden Tag dies Haus,
Ich halte das nicht länger aus.

CÉLIMÈNE

Ich kann doch nichts dafür, daß mich die Leute lieben.
Als „er" noch lebte, bin ich oft genug allein geblieben.
Nach seinem Tod war es dann völlig aus;
Jetzt füllt sich langsam wieder dieses Haus.
Und nur weil Sie jetzt kommen und hetzen,
Soll ich sie wieder vor die Türe setzen?

ALCESTE

Nein, nein, so war das nicht gemeint,
Nur daß Ihr Wesen mir zu einladend erscheint.
Ich weiß, Ihre Reize wirken auf jeden Mann,
Doch warum legen Sie es immer wieder darauf an?
Warum müssen Sie mit jedem lachen?
Warum müssen Sie jedem Hoffnung machen?
Das ist es, was mich am meisten empört:
Sie lassen jeden glauben, daß ihm Ihr Herz gehört.
Wenn Sie nur etwas vernünftiger wären,
Dann würde man Sie nicht so verehren.
Oder können Sie vielleicht begründen,
Was Sie an Clitandre begehrenswert finden?
Der lange Nagel am kleinen Finger, den dieses Schwein
Aus Eitelkeit sich stehen läßt, kann es doch nicht sein.
Sind es vielleicht seine gelben Perücken,
Die Sie, wie alle Welt, so maßlos entzücken?
Oder sind es seine bunten Hosen
Mit diesem Muster aus Tulpen und Rosen?
Liegt das Geheimnis in seinem schrillen Organ,
Oder zieht Sie sein lautes Lachen an?

CÉLIMÈNE

Was soll denn das? Das hat doch keinen Sinn.
Sie wissen doch, wie sehr ich auf ihn angewiesen bin.
Sie helfen mir ja nicht in dieser Erbschaftsangelegenheit,
Er dagegen ist zu jedem Gang bereit.

ALCESTE

Verliern Sie den Prozeß! Wenn er nur hier verschwindet!
Ich glaube nicht, daß Sie nur das verbindet.

CÉLIMÈNE

Sie sind doch eifersüchtig auf die ganze Welt.

ALCESTE

Doch nur, weil Ihnen alle Welt gefällt.

CÉLIMÈNE

Müßte Ihnen nicht ein Stein vom Herzen fallen,
Daß ich so nett und freundlich bin zu allen.
Ich denke, daß ich Sie dann erst kränke,
Wenn ich meine Aufmerksamkeit nur einem schenke.

ALCESTE

Sie lachen wegen meiner Eifersucht mich aus,
Was hab ich denn den andern noch voraus?

CÉLIMÈNE

Sie wissen sich geliebt – das sollte doch genügen.

ALCESTE

Doch wo bleibt der Beweis? Worte können lügen.

CÉLIMÈNE

Ich weiß nicht, was Sie immer noch stört,
Sie haben den Beweis doch eben gehört.

ALCESTE

Ja, aber wer garantiert mir, daß Sie in einigen Tagen
Nicht dasselbe zu einem andern sagen?

CÉLIMÈNE

Ist das der Dank für mein Geständnis?
Sie legen wohl keinen Wert auf mein Bekenntnis.
Nun gut! Ich befreie Sie von der Sorge um unser Glück
Und nehme alles, was ich gesagt habe, zurück.
Jetzt können sie mir nichts mehr in die Schuhe schieben;
Sind sie nun zufrieden?

ALCESTE

O Célimène, ich muß Sie lieben.
Ich habe nicht die Kraft, mich loszureißen.
Könnt ich es, ich würd mich glücklich preisen.
Was habe ich nicht schon alles unternommen,
Um aus dieser fürchterlichen Verbindung herauszukommen.
Nie werde ich, glaube ich, einen Ausweg finden;
Diese Liebe ist die Strafe für alle meine Sünden.

CÉLIMÈNE

Ja, es ist eine Strafe, so hat mich noch niemand geliebt.

ALCESTE

Ja, weil es diese Liebe nur einmal gibt.
Sie geht hinaus über jeden Verstand.
Noch nie war ein Mensch so in Liebe entbrannt.

CÉLIMÈNE

Das ist wahr, die Methode ist bisher ganz unbekannt;
Ihre Liebe ist eher dem Quälen verwandt.
Man lädt Sie ein, man ist zu jedem Schritt bereit,
Und was bekommt man? – Zank und Streit.

ALCESTE

Wer ist denn schuld daran? Es liegt doch nicht an mir!
Ein klares Wort, das jeder hört, und schon beenden wir
Den Streit. Dann ist es Ihnen unbenommen –

ZWEITER AUFTRITT

Alceste, Célimène, Basque

CÉLIMÈNE

Was ist?

BASQUE

Herr Acaste ist unten.

CÉLIMÈNE

Er soll kommen!

DRITTER AUFTRITT

Alceste, Célimène

ALCESTE

Kann man denn nie allein mit Ihnen reden?
Warum müssen Sie jeden empfangen, aber auch jeden?
Können Sie nicht wenigstens einmal sagen:
Ich bin nicht da, man braucht heut nicht nach mir zu fragen.

CÉLIMÈNE

Und wenn Acaste sich ärgert?

ALCESTE

                    Das ist mir egal.
Sie müssen sich entscheiden, ein für allemal.

CÉLIMÈNE

Und wenn er feststellt, ich bin doch zu Haus,
Dann ists mit seiner Freundschaft aus.

ALCESTE

Und wenn schon. Das können Sie verschmerzen.

CÉLIMÈNE

Mit Leuten dieser Art darf man sichs nicht verscherzen.
Ihre Beziehungen sind äußerst verzweigt,
Sogar bei Hof ist man ihnen angeblich geneigt.
Jedenfalls werden sie von allen eingeladen,
Und wenn sie uns nicht nützen, so können sie doch schaden.
Auch wenn man sonst viele Freunde zu haben scheint,
Diese Leute macht man sich besser nicht zum Feind.

ALCESTE

Was ich auch sage, was ich auch finde,
Sie haben für alles Ihre Gründe.
Geben Sies nur zu, es macht Ihnen Lust –

VIERTER AUFTRITT

Alceste, Célimène, Basque

BASQUE

Clitandre ist da!

ALCESTE

Das hab ich gewußt.

CÉLIMÈNE

Wo wollen Sie hin?

ALCESTE

Ich gehe.

CÉLIMÈNE

Sie bleiben!

ALCESTE

Es hat keinen Sinn.

CÉLIMÈNE

Sie bleiben!

ALCESTE

Ich kann nicht.

CÉLIMÈNE

Ich will es.

ALCESTE

Sie wissen, ich bin
Nicht geeignet für den Verkehr mit diesen Leuten,
Für ihre Gespräche, die nie etwas bedeuten.

CÉLIMÈNE

Und wenn ich Sie darum bitte?

ALCESTE

Es fiele mir schwer ...

CÉLIMÈNE

Dann gehn Sie! Gehn Sie! Sie sind Ihr eigner Herr.

FÜNFTER AUFTRITT

Alceste, Célimène, Éliante, Philinte, Acaste, Clitandre

ÉLIANTE

Warum wollen Sie schon gehn? Hier sind die beiden Herrn.

CLITANDRE

Ich hoff, wir stören nicht.

CÉLIMÈNE

Nein, nein, ich seh Sie gern.

Sie bleiben auch noch hier?

ALCESTE

Jawohl, weil ich es will,

Daß Sie sich jetzt erklären.

CÉLIMÈNE

Seien Sie doch still!

ALCESTE

Sie sollen sich erklären.

ACASTE

Ich glaube doch, wir stören.

CÉLIMÈNE

Nein, nein, Sie stören nicht.

ALCESTE

Es sollen alle hören!

CÉLIMÈNE

Sie sind nicht bei Verstand.

ALCESTE

Sie müssen sich entscheiden.

CÉLIMÈNE

Sie sollen endlich schweigen.

ÉLIANTE

Was haben denn die beiden?

CÉLIMÈNE

Da ist ja auch Philinte.

ALCESTE

Madame, Sie weichen aus!

PHILINTE

Ich war heut früh schon hier.

CÉLIMÈNE

Ich werf Sie gleich hinaus.

Das Ganze ist ein Scherz.

ALCESTE

Mir ist es nicht zum Lachen.

Mir ist es ernst. Das können Sie mit mir nicht machen.

CLITANDRE

Ich komm grad aus dem Louvre, ich war dort beim Lever.
Vor mir stand Cléonte. Er war aufdringlicher denn je.
Er merkt einfach nicht, wie das den König stört.
Es muß ihm mal einer sagen, daß sich das nicht gehört.

CÉLIMÈNE

Um Gotteswillen, das dürfen Sie nicht machen,
Wenn er sich ändert, haben wir nichts mehr zum Lachen.
Ich hatte sein Gehabe schon beinah vergessen,
Aber neulich war er wieder bei uns zum Essen —

ACASTE

Apropos Essen — da ist mir gestern was passiert:
Vor der Tür des Lokals traf ich Damon — er hatte schon diniert —
Zwei Stunden standen wir in der Sonne, er hielt meine Hände,
Und als er mich losließ, da war das Essen zu Ende.

CÉLIMÈNE

Ja, in dieser Kunst kennt er sich bestens aus:
Er drückt mit vielen Worten garnichts aus.
Als er neulich hier war, dachte ich, daß ich mich täusche:
Ich hörte keine Wörter mehr, nur noch Geräusche.

ÉLIANTE

Es fällt mir auf, haben Sie darauf geachtet,
Wie gern man hier die eignen Freunde schlachtet.

CLITANDRE

Ich habe gerade an Timant gedacht –

CÉLIMÈNE

Das ist der, der um alles ein Geheimnis macht.
Mit wichtiger Miene läuft er durch die Stadt,
Und jeder weiß, daß er nichts zu erledigen hat.
Um jede Kleinigkeit macht er den größten Wind,
Und verrät dir Geheimnisse, die keine sind.
Das Banalste kommt ihm noch wichtig vor,
Sogar „Auf Wiedersehn" flüstert er dir ins Ohr.

ACASTE

Und Géralde?

CÉLIMÈNE

          Schwärmt für den Adel und ist schon selbst verblödet.
Nicht wahr, Éliante, wie oft hat der uns hier schon angeödet.
Marianne hat mir erzählt, er trägt selbst nachts den Zopf,
Und hat nur Hunde, Pferde, Köche und Kutschen im Kopf.

CLITANDRE

Seit neustem verschläft er bei Bélise seine Stunden.

CÉLIMÈNE

Da haben sich die Richtigen gefunden.
Die hat nun garnichts mehr im Kopf. Sie ist nur einfach dumm.
Gelingt es dir mal, ihr ein vernünftiges Wort zu entlocken,
Dann bringt dich ihr nächstes bestimmt zum Stocken.
Und wenn du denkst, jetzt hält sie es selbst nicht mehr aus,
Dann geht sie noch lange nicht nach Haus.
Du schaust nach der Uhr, du stehst schon mal auf für alle Fälle,
Es hilft nichts: Sie rührt sich nicht von der Stelle.

ÉLIANTE

Nach dem Tod ihres Mannes hat sie auch sehr viel durchgemacht.

41

CLITANDRE

Sie hat ihn doch selbst unter die Erde gebracht.

ACASTE

Apropos Erde – wie stehn Sie zu dem alten Adrast?

PHILINTE

Im Ernst, wie geht es ihm?

ACASTE

Er lebt noch und fällt allen zur Last.

CLITANDRE

Am meisten stört das seine Nichte Friderike,
Bei ihr verkehrt doch die ganze junge Adelsclique.

CÉLIMÈNE

Das verdankt sie nur ihrem Koch und seinem Essen,
Ohne ihn hätte man sie längst vergessen.

PHILINTE

Es heißt, das man dort wirklich gut diniert.

CÉLIMÈNE

Ja, würde nicht die Wirtin mitserviert.
Wenn man sie und ihre platte Nase sieht,
Vergeht einem bestimmt der Appetit.

PHILINTE

Ihr Bruder sieht ihr gar nicht ähnlich. Er ist sehr klug.
Mit seinem klaren Urteil half er mir oft genug.

CÉLIMÈNE

Er ist auch oft bei mir. Nur warum muß er immer zeigen,
Wie schlau er ist. Bei ihm muß jeder andre schweigen.
Er strengt sich ständig an; man sieht, wie er sich quält,
Daß alles geistreich wirkt, was er erzählt.
Ein kluger Kopf sein, heißt, alles kritisieren,
Wir Dummen mögen uns getrost darüber amüsieren.
Weil ihm kein Fehler bei den anderen entgeht,
Glaubt er, daß er über allen steht.

Mit gekreuzten Armen steht er da und sieht auf uns herab,
Was wir sagen, nötigt ihm höchstens ein Lächeln ab.

ACASTE

Das ist er, wie er leibt und lebt. Ich sehe ihn direkt.
Wie man bei Ihnen hinter jedem Wort den echten Menschen entdeckt.

CLITANDRE

Sie ist einmalig, finden Sie nicht auch? Sie haben sich
Noch gar nicht vernehmen lassen.

ALCESTE

                Ich find es widerlich,
Wie Sie sich hier benehmen. Jeden zieht ihr durch den Dreck,
Doch liefe eines eurer Opfer euch jetzt übern Weg,
Ihr bekämt ja nicht mal einen Schreck,
Sofort wär jede Häme weg.
Ihr fielt ihm um den Hals, möchtet ihn fast erdrücken,
Damit er fühlt, wie er und seine Freundschaft euch beglücken.

CLITANDRE

Was wollen Sie von uns? Wenn Sie etwas stört,
Wenden Sie sich an die Dame. Wir haben ihr nur zugehört.

ALCESTE

Ihr seid schuld. Durch euren Beifall und euer Lachen
Zwingt ihr sie, euer schmutziges Spiel mitzumachen.
Ihr feiner Humor wird von euch auf die falsche Bahn gelenkt,
Sie würde sowas nie tun, wenn ihr sie nicht dazu drängt.
Wenn irgendwo jemand sich über den andern lustig macht,
Dann habt bestimmt ihr, die Drahtzieher, ihn dazu gebracht.

PHILINTE

Warum verteidigen Sie plötzlich jene Leute,
Sie reden doch sonst genauso von ihnen wie diese Herren heute.

CÉLIMÈNE

Es ist doch klar, daß er uns widerspricht,
Denn das, was alle denken, das denkt er grade nicht.
Er hat Angst, als ein Mensch wie jeder andre zu erscheinen,

Wenn er denkt, er meint, was alle meinen.
Sein Widerspruch ist so vollendet,
Daß er ihn auf sich selbst anwendet.
Die eigne Meinung hält er für verkehrt,
Wenn er sie aus einem andren Munde hört.

ALCESTE

Sie habens geschafft. Die Herren lachen.
Ich weiß Bescheid. Sie können weitermachen.

PHILINTE

Ja, aber es ist doch wirklich so, Sie sind sehr streng,
Und verstehen alles, was man sagt, zu eng.
Sie haben es mir selbst gesagt, Sie hassen
Und können deswegen niemand gelten lassen.

ALCESTE

Nein, es ist umgekehrt! Ich muß hassen,
Weil diese Leute es nicht unterlassen,
Alles mit Ihren Lügen zu vergiften
Und obendrein noch andre anzustiften.

CÉLIMÈNE

Ja, aber –

ALCESTE

　　　Nein, Célimène, und wärs mein Ende –
Sie freuen sich an dem, wogegen ich mich wende.
Es macht mich traurig, wie Sie es unterstützen,
Daß andre Ihre Schwächen ausnützen.

CLITANDRE

Da muß ich ganz energisch widersprechen:
Madame hat schwache Seiten, aber keine Schwächen.

ACASTE

Dem kann ich nur zustimmen: Madame ist perfekt.
Ich habe noch nie einen Fehler an ihr entdeckt.

ALCESTE

Mir aber zeigt sie sich, wie sie ist, und sie weiß,

Für wahre Liebe zahlt man diesen Preis.
Wer wirklich liebt, braucht keine Schmeicheleien.
Weil ich sie liebe, darf ich ihr nichts verzeihn.
An ihrer Stelle ließe ich keinen Mann an mich heran,
Der nur schöntut, weil er damit was erreichen kann.

CÉLIMÈNE

Für Sie ist Liebe Zank und Streit,
Für mich ist Liebe Zärtlichkeit.
Sie sagen, Sie dürfen mir nicht verzeihn,
Das kann doch wohl keine Liebe sein.

ALCESTE

Sie wolln mich nicht verstehn.

ÉLIANTE

> Das ist auch schwer.

Verzeihn Sie mir. Sie wissen ja, wie sehr –
Aber so einer Liebe begegnet man wirklich selten.
Bei den Liebenden, die ich bisher sah, da gelten
Die kleinen Fehler und was es sonst an Gebrechen gibt,
Als das, weswegen man sich verliebt.
Was häßlich ist, das finden sie schön,
Und es wird mit einem anderen Namen versehn.
Zum Beispiel: ist eine mager, gilt sie als schlank.
Eine krächzt furchtbar, man nennt es Gesang.
Eine sagt nie was, sie ist interessant;
Wer ständig plappert, wir munter genannt.
Ist eine dumm, ist sie naiv,
Versteht man sie nicht, gilt sie als tief.
Ist eine klein, nennt man sie zierlich.
Und wer sich nicht wäscht, der ist nur natürlich.
Die Dicke ist rundlich, die Große ist stattlich,
Der Tolpatsch ist rührend; das Trampel, das hat sich
Erstaunlich entwickelt, sie ist fast graziös.
Und die mich betrügt, sie meints nicht so bös.

Der Raffinierten sagt man: sie ist intelligent;
Die Flatterhafte hat einfach zuviel Temperament.
Die Eingebildete –

CÉLIMÈNE

Ich glaube, es reicht;
Wir haben verstanden, was du meinst. Vielleicht
Sollten wir die Diskussion jetzt doch beenden,
Und uns einmal anderen Dingen zuwenden.
Oder wollen Sie jetzt schon nach Haus –

CLITANDRE/ACASTE

Auf keinen Fall!

ALCESTE

Ohne die halten Sies wohl nicht aus?
Gehn Sie, wann Sie wolln. Aber damit Sie es wissen:
Ich gehe nicht, bevor Sie dieses Haus verließen.

ACASTE

Wenn ich den Damen nicht ungelegen bin,
Bleib ich gern, ich muß heut nirgends mehr hin.

CLITANDRE

Ich muß vielleicht noch einmal weg, für einen Augenblick,
Ansonsten bin ich frei und käme auch sofort zurück.

PHILINTE

Wenn alle bleiben, bleib ich auch.

CÉLIMÈNE

Aber ja,
Alceste hat nur gescherzt.

ALCESTE

O nein! Mir ist jetzt klar,
Warum Sie nicht mit mir allein sein wolln.

SECHSTER AUFTRITT

Alceste, Célimène, Éliante, Philinte, Acaste, Clitandre, Basque

BASQUE
Da will Sie einer sprechen, Herr Alceste, Sie solln
Sofort herunterkommen. Er wollte mir nicht sagen,
Worum es geht.

ALCESTE
Dann müssen Sie ihn fragen!
Ich habe kein Geschäft, das dringend ist.

BASQUE
Aber er trägt Uniform, es ist ein Polizist.

PHILINTE
Dann wärs doch besser, ihn heraufzuholn.

CÉLIMÈNE
Geh schon!

ÉLIANTE
Was kann er nur von Ihnen wolln?

ALCESTE
Ich weiß es nicht.

ACASTE
Vielleicht haben Sie etwas verloren?

ALCESTE
Nein.

CLITANDRE
Neulich kam mir ein Fall zu Ohren,
Bei dem die Polizei —

ÉLIANTE
Seien Sie doch still!

SIEBENTER AUFTRITT

Alceste, Célimène, Éliante, Philinte, Acaste, Clitandre, Gardist

GARDIST

Herr Alceste?

CLITANDRE

Das ist er.

GARDIST

Mein Herr, glauben Sie mir, ich will –

ALCESTE

Sprechen Sie ruhig laut. Ich habe ein reines Gewissen.

GARDIST

Ich komme vom Schiedsgericht und Sie müssen
Sofort mitkommen. Man erwartet Sie dort.

ALCESTE

Wen, mich?

GARDIST

Ja, Herrn Alceste.

ALCESTE

Ich versteh kein Wort.

ÉLIANTE

Das muß ein Irrtum sein.

GARDIST

Ich komme direkt vom Gericht!

ACASTE

Um welche Sache geht es denn?

GARDIST

Das weiß ich nicht.

PHILINTE

Das Sonett, die Hoffnung, Oronte; vielleicht
Hat er deswegen eine Klage eingereicht.

CÉLIMÈNE

Was ist los?

PHILINTE

Alceste hat ein paar Verse kritisiert,
Die Oronte geschrieben hat, mehr ist nicht passiert.
Nun will das Schiedsgericht die beiden Herrn versöhnen.

ALCESTE

Das könnte dem so passen. Ich laß mich nicht verhöhnen.

PHILINTE

Aber hingehn müssen Sie.

ÉLIANTE

Ja, gehen Sie, Sie müssen.

ALCESTE

Was für einen Kompromiß soll ich denn schließen?
Soll ich aus lauter Angst vor diesen Herrn vom Amt
Die Verse loben, die ich eben furchtbar fand?

PHILINTE

Ein bißchen guter Wille –

ALCESTE

Ich wiederhol es ein für allemal:
Die Verse sind erbärmlich!

CLITANDRE

Das ist doch ganz egal.

ACASTE

Gehn Sie doch erst mal hin.

ALCESTE

Ich widerrufe nicht!
Die Verse sind erbärmlich, das sag ich auch vor Gericht.
Das schwöre ich: Wenn mich nicht der König persönlich zwingt,
Das zu loben, was zum Himmel stinkt,
Bleibe ich dabei, und niemand sonst hält mich zurück:
Wer solche Verse schreibt, verdient den Strick! –
Finden Sie mich endlich auch mal amüsant?

ÉLIANTE

Sie müssen gehn.

GARDIST

Man wartet auf dem Amt!

ALCESTE

Ich gehe und komme sofort danach zurück,
Dort geht es um einen Streit, hier geht es um mein Glück.

ACHTER AUFTRITT

Célimène, Éliante, Philinte, Acaste, Clitandre

CLITANDRE

Wußtest du, daß Oronte Gedichte schreibt?

ACASTE

Na klar,

Er hat es mir schon gestern vorgelesen. Ich fands wunderbar.

DRITTER AUFZUG

ERSTER AUFTRITT

Acaste, Clitandre

CLITANDRE

Warum grinst du so zufrieden? Kaum bist du in diesem Haus,
Kommst du aus dem Lächeln nicht mehr raus.
Entschuldige, wenn ich darüber staune:
Hast du einen Grund für deine gute Laune?

ACASTE

Mein Gott, wenn ich mein Leben so betrachte,
Ich wüßte nichts, was mir groß Sorgen machte.
Ich bin gesund und in den besten Jahren,
Ich habe Geld, was sollte mir schon widerfahren?
Wenn ich wollte, bekäm ich jede Position
Schon aus Familientradition.
Auch meine Weste hat noch keinen Fleck,
Ich gehe jedem Ehrenhandel aus dem Weg;
Nur einmal habe ich das nicht geschafft,
Aber da hat der Tod meinen Gegner weggerafft.
Ich habe genügend Geist und gesunden Geschmack,
Was man schon daran sieht, daß man mich mag.
Mein Lob ist immer gut angekommen,
Und meine Kritik wurde mir auch nie übelgenommen.
Im Theater sitz ich in der ersten Reihe,
Und erst wenn ich Buh und Bravo schreie,
Dann schreien die andern auch. Ich hab mich gut gehalten,
Ich habe im Gesicht noch keine Falten;

Ich habe noch alle Zähne und bin so schlank,
Daß ich jede Mode mitmachen kann. Mein Kleiderschrank
Ist berühmt. Das schöne Geschlecht liegt mir zu Füßen,
Selbst ihre Männer lassen mich schon grüßen.
Nun sage selbst, bild ich mir das bloß ein,
Oder kann ich nicht wirklich zufrieden sein?

CLITANDRE

Ja, wenn du überall so erfolgreich bist,
Dann versteh ich nicht, warum du dich hier umsonst bemühst.

ACASTE

Ich? Da täuschst du dich. Ich bin es nicht gewohnt,
Mich anzustrengen, ohne daß man mich belohnt.
Das überlassen wir den primitiven Leuten,
Die glauben, weil sie selber nichts bedeuten,
Sie müßten vor der Tugend einer heißen Schönen
In die Kniee gehn; die durch Betteln und Stöhnen,
Durch Seufzen und Jammern – und viel Geld
Nie das erreichen, was mir so in den Schoß fällt.
Ich hab nichts dagegen, daß man die Frauen ehrt,
Aber ich bin schließlich auch was wert.
Wer von mir geliebt sein will, der weiß,
Meine Liebe ist nicht umsonst, sie hat ihren Preis.
Schon aus Gründen des Gleichgewichts
Muß sie mir entgegenkommen. Sonst taugt sie nichts.

CLITANDRE

Und du glaubst, du kommst auch hier so weit?

ACASTE

Natürlich, das ist nur noch eine Frage der Zeit.

CLITANDRE

Dann muß ich dich von einem großen Irrtum befrein:
Du redest dir das alles nur aus Eitelkeit ein.
Wie kann man nur so blind und verblödet sein?

ACASTE

Du hast recht, jetzt seh ich es ein.

CLITANDRE

Oder gibt es einen Grund für deine Sicherheit?

ACASTE

Nur meine Eitelkeit.

CLITANDRE

Gab sie dir heimlich Zeichen, die mir entgangen sind?

ACASTE

Ich bin doch blind.

CLITANDRE

Irgendetwas hat dein Selbstvertrauen erhöht.

ACASTE

Natürlich, ich bin doch blöd.

CLITANDRE

Antworte mir; trefft ihr euch hinter meinem Rücken?

ACASTE

Wie sollte mir das glücken?

CLITANDRE

Aber irgendetwas muß doch gewesen sein!

ACASTE

Das redest du dir nur ein.

CLITANDRE

Hör endlich auf und sag mir klipp und klar,
Ob zwischen Célimène und dir was war.

ACASTE

Sie macht sich nichts aus mir, sie weist mich stets zurück,
Sie schwärmt für dich, du bist der Hans im Glück.

CLITANDRE

Im Ernst?

ACASTE

Im Ernst. Mich kann sie nicht leiden,
Ich werde noch in dieser Woche aus dem Leben scheiden.

CLITANDRE

Spaß beiseite. Ich mache dir einen Vorschlag,
Schließen wir in dieser Sache einen Vertrag:
Wer von uns beiden zuerst etwas vorzeigt,
Das beweist, daß Célimène sich ihm zuneigt,
Den darf der andere nicht länger stören,
Ihm allein soll Célimène gehören.

ACASTE

Sehr gut. Der Vorschlag ist gerecht.

CLITANDRE

Ja, mir gefällt er auch nicht schlecht.

ACASTE

Psst.

ZWEITER AUFTRITT

Acaste, Clitandre, Célimène

CÉLIMÈNE

Sie sind zurück?

CLITANDRE

Ich war doch gar nicht weg.
Die Liebe hielt mich fest.

ACASTE

Es gibt keinen Fleck
Auf dieser Welt, an dem wir lieber wären.

CÉLIMÈNE

Ich habe eine Kutsche vorfahren hören.
Wissen Sie, wer das ist?

CLITANDRE

Nein.

ACASTE

Man versteht es nicht genau.

DRITTER AUFTRITT

Acaste, Clitandre, Célimène, Basque

BASQUE
Arsinoé, Madame.

CÉLIMÈNE
Was will diese Frau?

BASQUE
Fräulein Éliante unterhält sich noch mit ihr.

VIERTER AUFTRITT

Acaste, Clitandre, Célimène

CÉLIMÈNE
Was hat sie vor? Was will sie hier?

ACASTE
Sie ist doch überall, wo sie was wittert.
Sie brüstet sich mit ihrer Tugend –

CÉLIMÈNE
                Und ist doch nur verbittert.
Sie will nur das, was alle wollen, einen Mann.
Nur schafft sie es nicht und kreidet uns das an.
Sie wird ganz gelb im Gesicht, wenn sie sieht,
Daß ein Mann sich um eine Frau bemüht.
Und weil es niemand gibt, dem sie gefällt,
Schimpft sie auf die Blindheit dieser Welt;
Mit einem Schleier falscher Sittsamkeit,
Bedeckt sie das traurige Los ihrer Einsamkeit.
Nur weil sie so reizlos ist und platt,

Nennt sie das Sünde, was sie selbst nicht hat.
Dabei ist diese Dame nur auf einen Liebhaber aus,
Sogar unserm Alceste läuft sie ins Haus.
Neulich sah sie ihn einmal zu mir kommen,
Seitdem behauptet sie, ich hätte ihn ihr weggenommen.
Sie hat sich dermaßen in diesen Wahn versetzt,
Daß sie überall rumrennt und gegen mich hetzt.
Diese Frau ist hinterhältig, gemein und fies,
So niederträchtig, so ekelhaft, so mies,
So —

FÜNFTER AUFTRITT

Acaste, Clitandre, Célimène, Arsinoé

CÉLIMÈNE
Oh! Welch guter Engel führt Sie her?
Wo haben Sie gesteckt? Sie fehlten uns schon sehr.

ARSINOÉ
Ich habe eine Kleinigkeit mit Ihnen zu besprechen.

ACASTE
Wir waren ohnehin dabei, gerade aufzubrechen.

CÉLIMÈNE
Nein, bleiben Sie, nur einen Augenblick.

ACASTE
Wir kommen wieder.

CLITANDRE
Wir sind gleich zurück.

SECHSTER AUFTRITT

Célimène, Arsinoé

ARSINOÉ
Ein Glück, daß die gegangen sind. Wir sind allein –
CÉLIMÈNE
Möchten Sie einen Tee?
ARSINOÉ
Ich danke, nein.
Madame, den wahren Freund erkennt man daran,
Daß man sich in der Not auf ihn verlassen kann.
Und dieser Fall tritt ein, wenn es um Dinge geht,
Bei denen unser guter Name auf dem Spiele steht.
Und weil ich fürchten muß, daß Ihr Ruf in Gefahr gerät,
Bin ich jetzt hier – ich komme, hoff ich, nicht zu spät.
Gestern war ich bei sehr netten Leuten und durch Zufall
Kam das Gespräch auf Sie. Als ziemlichen Skandal
Empfand man dort Ihr Benehmen. Es sei doch sehr bedauerlich,
Wie Sie sich verändert hätten, seit Ihr lieber Mann verblich.
Die vielen Männer, die seitdem zu Ihnen kämen,
Wie wenig Rücksicht Sie auf die Nachbarn nähmen,
Das und noch mehr wurde so offen kritisiert –
Glauben Sie mir, ich war schockiert.
Ich wollte widersprechen, es gelang mir nicht,
Ich wollte sagen: dahinter steckt doch keine Absicht,
Sie ist nur leichtsinnig, wir haben sie doch gern
Und kennen alle ihren guten Kern.
Aber Sie wissen selbst, es gibt Dinge im Leben,
Die kann man nicht entschuldigen. Ich mußte zugeben,
Daß Ihre Art leicht mißverstanden werden kann.
Sie bietet sich dem Klatsch doch zu sehr an.
Wenn Sie wollten, könnten Sie sich viel ersparen,

Sie müßten nur etwas mehr Anstand bewahren.
Nicht daß ich glaubte, Ihre Tugend hätte gelitten –
So eine Unterstellung würde ich mir sofort verbitten.
Aber schon der Schatten eines Verdachts genügt den Leuten,
Ein gutes Gewissen will da gar nichts bedeuten.
Sie sind klug, Madame, und werden diesen Rat verstehn,
Und werden nichts Anderes dahintersehn
Als eine Freundschaft, die es gut mit Ihnen meint,
Auch wenn es auf den ersten Blick nicht so erscheint.

CÉLIMÈNE

Madame, ich danke Ihnen. Ich müßte mich ja schämen,
Würde ich Ihnen einen so gut gemeinten Rat übelnehmen.
Im Gegenteil, mich freut ihre Offenheit,
Und dankbar ergreif ich die Gelegenheit,
Sie aufzuklären, wies um Ihre Ehre steht;
Mein kleiner Wink kommt, hoff ich, nicht zu spät.
Da Sie als gute Freundin mir hinterbrachten,
Wie falsch mich andere betrachten,
Laß ich mich von Ihrem Vorbild leiten
Und sage jetzt, was die andern über Sie verbreiten.
Neulich war ich eingeladen bei Leuten,
Die in dieser Stadt einiges bedeuten,
Man sprach dort über Frömmelei und Prüderie,
Und unwillkürlich kam das Gespräch auf Sie.
Zu welchen Auswüchsen sowas beim Menschen führt,
Wurde an Ihrem Beispiel glänzend illustriert:
Ihr aufdringliches Gehabe, Ihre Wichtigtuerei,
Ihr grämliches Gesicht, Ihre ständige Mäkelei
An den harmlosesten Dingen, Ihre Faselei
Von Anstand und Sitte. Bei jedem Witz ein Geschrei,
Ob nicht vielleicht ein Wort vorkäme,
An dem die Unschuld Schaden nähme.
Man sieht sie dreimal täglich in die Kirche gehn,

Und dafür schminkt sie sich, um nach was auszusehn.
Auf Bildern verhüllt sie das, was nicht sein darf,
Im Leben ist sie darauf äußerst scharf.
So wurde dort geredet. Ich wollte Sie verteidigen,
Sagte, man dürfe Sie nicht so beleidigen,
Aber niemand schloß sich meiner Meinung an.
Alle waren sich einig, Sie täten gut daran,
Bevor Sie andere belehren,
Erst mal vor der eigenen Tür zu kehren.
Sie sollten sich gefälligst an die eigne Nase fassen
Und andere in Ruhe lassen.
Man sollte selbst ein beispielhaftes Leben führen,
Eh man sich anschickt, das Leben anderer zu korrigieren.
Sonst soll man es ganz der Kirche überlassen,
Die mag mit sowas sich befassen.
Sie sind klug, Madame, und werden diesen Rat verstehn,
Und werden nichts Anderes dahinter sehn
Als eine Freundschaft, die es gut mit Ihnen meint,
Auch wenn es auf den ersten Blick nicht so erscheint.

ARSINOÉ

Ich rechnete bei Ihnen nicht mit Dankbarkeit,
Aber diese Antwort ging sehr weit.
Ihr bittrer Ton, Madame, zeigt doch sehr offen:
Mein zarter Hinweis hat Sie bis ins Herz getroffen.

CÉLIMÈNE

Im Gegenteil, Madame; ich fände es vernünftig,
Wir folgten unsern jeweiligen Ratschlägen künftig.
Wenn wir beide uns nicht mehr belügen,
Kann keine mehr einem Irrtum über sich erliegen.
Es liegt nur an Ihnen. Ich würde es begrüßen,
Wenn sich unsere Vertraulichkeiten fortsetzen ließen.
Damit wir wissen, was die Leute an uns stört,
Erzählt jeder dem andern, was er über ihn hört.

ARSINOÉ

Ach, Madame, über Sie werde ich kaum etwas hören.
Ich bin es, über die sich die Leute empören.

CÉLIMÈNE

Wer sucht, der findet überall was auszusetzen,
Und je nach Alter wird man etwas andres schätzen.
Wer jung ist, ist nicht gern allein,
Später kann man immer noch moralisch sein.
Es ist nur klug, wenn man sich prüde zeigt
Und so die eigne Not verschweigt.
Auch mir wird irgendwann nichts andres übrigbleiben,
Aber mit zwanzig muß ich mich noch nicht der Prüderie
verschreiben.

ARSINOÉ

Sie nutzen Ihren kleinen Vorteil wahrlich aus,
Aber glauben Sie nicht, ich mache mir was draus.
Der Unterschied von den paar Jahren kann es doch nicht sein,
Daß Sie so häßlich zu mir sind und so gemein.
Nein, Madame, Ihr Haß hat andre Gründe,
Auch wenn ich dafür keinen Anlaß bei mir finde.

CÉLIMÈNE

Mir geht es ebenso. Auch ich würde gerne wissen,
Warum Sie überall gegen mich stänkern müssen.
Warum muß ich unter Ihren Enttäuschungen leiden?
Ich kann doch nichts dafür, daß die Männer Sie meiden.
Sie haben freie Bahn, Madame, ich hindere Sie nicht,
Versuchen Sies, ob Ihre Schönheit jemanden besticht.

ARSINOÉ

Ach, Sie glauben, es würde mich gelüsten
Nach der Zahl von Männern, derer Sie sich brüsten?
Es gibt doch niemanden, der das nicht weiß:
Für diese Beliebtheit zahlt man seinen Preis.
Oder denken Sie, daß jemand glaubt,

Daß Ihre schöne Seele den Männern die Ruhe raubt,
Und daß die Herren für Sie in reiner Liebe brennen
Und nur wegen Ihrer Tugend Ihre Tür einrennen.
Die Welt ist nicht so blind, sie läßt sich nicht belügen,
Sie können uns mit Ihren Argumenten nicht betrügen.
Ich kenne Frauen, die machen auch die Männer schwach,
Und trotzdem stellt ihnen keiner nach.
Daraus folgt, eine Frau wird nur geliebt,
Wenn sie den Männern etwas gibt.
Sie seufzen nicht unserer schönen Augen wegen,
Ihnen ist an etwas ganz anderem gelegen.
Auf diese Art können Sie jeden kriegen,
Deswegen prahlen Sie nicht so mit Ihren billigen Siegen.
Bilden Sie sich auf Ihr bißchen Schönheit nicht so viel ein,
Und lassen Sie die hochmütigen Blicke sein.
Würde ich Ihnen Ihre Erfolge mißgönnen,
Dann hätte ich es ja genauso machen können.
Dazu bedarf es keiner besonderen Gaben,
Wenn ich wollte, könnte ich auch einen Liebhaber haben.

CÉLIMÈNE

Versuchen Sie es doch. Ich bin sehr gespannt.
Das Geheimnis der Liebe ist Ihnen ja jetzt bekannt,
Und wenn −

ARSINOÉ

Ich fürchte, das Gespräch führt uns zu weit,
Wenn wir nicht aufhören, kommt es noch zum Streit.
Ich hätte mich schon vor einiger Zeit empfohlen,
Aber mein Kutscher ist unterwegs, um jemand abzuholen.

CÉLIMÈNE

Ich will Sie keineswegs vertreiben,
Sie können gern noch ein bißchen bleiben.
Aber weil meine Gegenwart Sie nur langweilen kann,
Biete ich Ihnen eine bessere Gesellschaft an:

SIEBENTER AUFTRITT

Célimène, Arsinoé, Alceste

CÉLIMÈNE

Der Zufall schickt uns diesen Herrn,
Mit ihm unterhalten Sie sich sicher gern. –
Alceste, ich muß dringend einen Brief schreiben.
Würden Sie Madame solang die Zeit vertreiben?
Dann nimmt sie es sicher gerne hin,
Daß ich zu ihr so unhöflich bin.

ACHTER AUFTRITT

Arsinoé, Alceste

ARSINOÉ

Sie haben es gehört, ich soll Sie unterhalten,
Bis meine Pferde vor dem Tore halten.
Wenn sie wüßte, wie dankbar ich ihr dafür bin;
Denn jedes Gespräch mit Ihnen ist ein Gewinn.
Sie sind so empfindsam und voller Gefühl,
Und ein Wort von Ihnen bedeutet mir viel.
Ach, wenn das nur alle so sehen wollten,
Und Ihnen die nötige Achtung zollten.
Sie hätten ein hohes Amt verdient. Mich packt die Wut,
Wenn ich sehe, daß man so wenig für Sie tut.

ALCESTE

Ich habe nie etwas vollbracht, von dem ich wüßte,
Daß der Staat mich dafür belohnen müßte.

ARSINOÉ

Ich bitte Sie, Alceste, was haben denn die andern vollbracht,

Die man heute zu hohen Beamten macht?
Ihnen dagegen fehlt nur die Gelegenheit,
Mit Ihren Fähigkeiten brächten Sie es weit.

ALCESTE

Fähigkeiten? Haben Sie Fähigkeiten gesagt?
Heute ist nur Unfähigkeit gefragt.

ARSINOÉ

Nein, nein, Alceste, da irren Sie sich,
Man rühmt Sie schon ganz öffentlich.
Neulich hatte ich Leute bei mir von ganz oben,
Denen war sehr daran gelegen, Sie zu loben.

ALCESTE

Mein Gott, Madame, wen lobt man heutzutage nicht?
Lob oder Tadel, das fällt doch kaum ins Gewicht.
Wer am meisten lügt, erfährt die größte Verbreitung,
Und wer am besten lügt, der kommt in die Zeitung.

ARSINOÉ

Trotzdem, ich wünschte mir, man sähe Sie im rechten Licht,
Tun Sie es mir zuliebe, weigern Sie sich nicht.
Sagen Sie ein Wort, erlauben Sie es mir,
Und ich öffne Ihnen jede Tür.
Sie wissen, wieviele Leute ich kenne,
Die nur darauf warten, daß ich Ihren Namen nenne.

ALCESTE

Nein, Madame, zu sowas taug ich nicht.
Gerade eben komm ich vom Gericht.
Was man dort von mir verlangte, zeigt nur zu gut,
Welcher Abgrund sich zwischen mir und diesen Herrn auftut.
Ich bin in keinem Amt am richtigen Platz,
Mein ganzes Wesen steht zu dieser Welt im Gegensatz.
Ich habe vom Himmel nicht die Gaben bekommen,
Die man braucht, um in diesem Staat vorwärts zu kommen.
Ehrlich sein ist alles, was ich kann,

Was fängt man in der Politik mit diesem Talent an?
Wer immer sagt, was er denkt,
Dem wird in diesem Lande nichts geschenkt.
Grad eben vor Gericht –

ARSINOÉ

Entschuldigen Sie. Ich habe nicht bedacht,
Daß dieses Thema Sie so wütend macht.
Aber etwas muß ich noch sagen. Es betrifft Ihr Herz.
Es irrt sich, und das erfüllt mich mit Schmerz.
Ich wünschte, Ihnen wäre ein größeres Glück beschert:
Sie hätten jemand verdient, der Sie allein verehrt.
Ach, hätten Sie nur früher auf mich gehört:
Die Dame, die Sie lieben, ist Ihrer nicht wert.

ALCESTE

Darf ich Sie daran erinnern, Madame,
Sie schwärzen hier eine Freundin an.

ARSINOÉ

Sie haben Recht, mir fehlte bisher der Mut.
Aber es ist zu schlimm, was man Ihnen antut.
Es schneidet mir in die Seele, wie es Ihnen ergeht,
Sie müssen endlich wissen, daß man Sie verrät.

ALCESTE

Ich danke für die herzliche Anteilnahme!

ARSINOÉ

Die lacht Sie doch nur aus, die Dame!
Sie treibt mit Ihnen ihren Scherz –

ALCESTE

Das kann schon sein. Wer schaut schon in ein Herz?
Aber wenn Sie wirklich Anteil an mir nehmen;
Dann sollten Sie sich solcher Verdächtigungen schämen.

ARSINOÉ

Gut, dann sag ich gar nichts mehr,
Es fällt mir ohnehin sehr schwer.

ALCESTE

Nein, so war das nicht gemeint. Aber wenn man liebt,
Sind Zweifel das Schlimmste, was es gibt.
Mit solchem Gerede fängt man besser gar nicht an,
Wenn man es nicht beweisen kann.

ARSINOÉ

Das können Sie haben. Wenn Sie darauf bestehn,
Können Sie den Beweis mit eigenen Augen sehn.
Geben Sie mir Ihre Hand und kommen Sie mit zu mir,
Dort lege ich Ihnen etwas vor von ihr,
Was auch Sie überzeugen wird. Und wenn dann
Ihr Herz für unser Geschlecht noch etwas empfinden kann,
Dann glaube ich, fällt es uns leicht,
Jemand zu finden, der Ihnen zum Trost gereicht.

VIERTER AUFZUG

Éliante, Philinte

PHILINTE

Nein, ihm ist nicht zu helfen, seine Sturheit ist zu groß;
Ein Vergleich schien völlig aussichtslos:
Obwohl man sich von allen Seiten die größte Mühe gab,
Er wich keinen Fuß breit von seiner Meinung ab.
Noch nie, glaube ich, brauchte ein Schiedsgericht soviel Zeit
Für einen Fall von solch einmaliger Lächerlichkeit.
„Nein", brüllte er „ich bin zu jeder Entschuldigung bereit!
Aber nicht in diesem Punkt! Es tut mir leid!
Was will er denn von mir? Was hab ich ihm getan?
Ist es denn eine Schande, wenn einer nicht schreiben kann?
Ich lobe, wenn Sie wolln, die Kleider, die er trägt,
Ich lobe die Art, wie er sich in Gesellschaft bewegt,
Ich lobe ihn, wie er zu Pferde sitzt,
Wie er tanzt und wie er beim Fechten schwitzt,
doch seine Verse zu loben, erlassen Sie mir,
Ich kann ja schließlich nichts dafür.
Anstatt mich hier anzuklagen,
Sollte man ihm lieber das Dichten untersagen."
Im Saal entstand ein riesiger Tumult,
Die Richter schrien, sie verlören die Geduld,
Oronte war außer sich und wollte gehn,
Für Minuten war kein Wort mehr zu verstehn.
Man drohte, die Verhandlung abzubrechen,
Würde Alceste nicht sofort eine Entschuldigung aussprechen.

Da endlich war er zu einem Zugeständnis bereit
Und hielt es für die größte Freundlichkeit:
„Entschuldigen Sie, mein Herr, daß ich so kritisch bin.
Ihre Person zu kränken, lag nicht in meinem Sinn.
Im Gegenteil, ich würde es Ihnen gönnen,
Hätte ich Ihr Sonett nur etwas loben können."
Das Gericht atmete auf und rieb sich die Hände
Und erklärte, die Verhandlung sei damit am Ende.

ÉLIANTE

Ja, er macht es einem manchmal wirklich schwer,
Und doch – gerade das gefällt mir sehr.
Der strenge Ernst, mit dem er alles tut,
Beweist doch eigentlich einen großen Mut.
So etwas findet man doch heute gar nicht mehr,
Ich fänd es schön, alle wären so wie er.

PHILINTE

Und dennoch setzt es mich immer wieder in Erstaunen:
Wie paßt die Liebe zu seinen sonstigen Launen?
Aber was mir das größte Rätsel aufgibt,
Daß er ausgerechnet Ihre Cousine liebt.

ÉLIANTE

Da sehn Sie wieder mal: die Liebe
Entspringt nicht unbedingt dem gleichen Triebe.
Wer dachte, daß der Gleichklang die Herzen bewegt,
Der wird durch dieses Beispiel glänzend widerlegt.

PHILINTE

Ja, glauben Sie, sie meint es ernst mit ihm?

ÉLIANTE

Das weiß ich nicht. Sie sind nicht sehr intim,
Aber das fällt bei ihr nicht weiter ins Gewicht.
Sie kennt ihre eigenen Gefühle nicht:

Oft sah ich sie in falscher Liebe entbrannt,
Dann war sie wirklich verliebt und hat es nicht erkannt.

PHILINTE

Ich fürchte, bei Ihrer Cousine erlebt unser Freund
Mehr Kummer, als ihm je geträumt.
Fühlte er wie ich, ich sage es ganz offen,
Dann hätte er eine bessere Wahl getroffen;
Seine Wünsche hätten sich in eine Richtung bewegt,
Wo man wahre Liebe für ihn hegt.

ÉLIANTE

Ich gebe es gern zu; denn ich denke, ganz allgemein
Sollte man in diesen Dingen viel ehrlicher sein:
Ich sträube mich nicht dagegen, daß er sich mit ihr verbindet;
Im Gegenteil, gerade weil mein Herz soviel für ihn empfindet,
Will ich den beiden nicht im Wege stehn;
Mir liegt nur daran, ihn glücklich zu sehn.
Aber wenn aus irgendwelchen Gründen, was ja möglich ist,
Seine Liebe auf gewisse Widerstände stößt,
Würde sie zum Beispiel einen anderen nehmen,
Und er käme zu mir, er müßte sich nicht schämen:
Daß sie ihn zurückwies, macht ihn mir nicht weniger wert,
Wenn ich dann sicher bin, daß er nur noch mich verehrt.

PHILINTE

Ich meinerseits würde mich Ihrem Glück nicht widersetzen,
Ich wäre froh, er würde Sie mehr schätzen.
Was glauben Sie, wie oft ich ihm das schon sagte,
Vor allem, wenn er sich über Célimène beklagte.
Aber wenn die beiden sich doch noch entschließen,
Und Sie auf ihn verzichten müssen,
Dann wünschte ich, ich könnte das erringen,
Was Sie jetzt noch ihm entgegenbringen.
Ach, wenn er Ihnen doch weiterhin so wenig Beachtung gönnte,
Das wäre das Schönste, was mir passieren könnte.

ÉLIANTE

Was reden Sie da, Philinte? Ich glaube, Sie scherzen.

PHILINTE

Nein, was ich sage, kommt aus übervollem Herzen.
Wenn Sie erst frei sind, hält mich nichts zurück,
Nichts sehn ich mehr herbei als diesen Augenblick.

ZWEITER AUFTRITT

Éliante, Philinte, Alceste

ALCESTE

Helfen Sie mir, Madame, ich bin vernichtet,
Mich traf ein Schlag, der mich zugrunde richtet.

ÉLIANTE

Was ist geschehen? Sie sind ganz außer sich.

ALCESTE

Wenn das die Wahrheit ist, dann sterbe ich.
Und stünde jetzt das Ende der Welt bevor,
Das ist nichts gegen das, was ich erfuhr.
Alles ... mein Leben ... meine Liebe ... ein schwarzes Loch.
Ich kann nicht mehr.

ÉLIANTE

Beruhigen Sie sich doch!

ALCESTE

O Gott im Himmel, wie konntest du es zulassen,
Daß Schönheit und Gemeinheit so gut zusammenpassen?

ÉLIANTE

Wer hat Sie denn – ?

ALCESTE

Sie brach ihr Wort.

Das ist Verrat, Verrat, das ist Mord.
Célimène – stellen Sie sich vor – ich bin –
Sie hat mich – betrogen – belogen – alles ist hin.

ÉLIANTE

Sind Sie sicher? Was hat sie denn gemacht?

PHILINTE

Haben Sie einen Beweis, oder ist es nur ein Verdacht?
Sie sehn doch überall Gespenster –

ALCESTE

                Gehn Sie endlich weg
Und kümmern sich um Ihren eignen Dreck!
Ja, Madame, ich habe leider den Beweis,
Hier in der Tasche, schwarz auf weiß.
Ein Brief, den sie Oronte geschrieben hat:
Er offenbart ihre Schande und ihren Verrat.
Ausgerechnet Oronte, über den sie immer nur lachte,
Über den ich mir nie Gedanken machte.

PHILINTE

Einen Brief kann man leicht mißverstehn.
Wahrscheinlich ist gar nichts Schlimmes geschehn.

ALCESTE

Noch einmal, Monsieur, gehn Sie jetzt weg
Und kümmern Sie sich nur um Ihren eigenen Dreck.

ÉLIANTE

So beruhigen Sie sich doch, Alceste. Sie müssen sich zwingen –

ALCESTE

Nur mit Ihrer Hilfe kann mir das gelingen.
Zu Ihnen nimmt mein Herz heut seine Zuflucht,
Weil es bei Ihnen seine Heilung sucht.
Rächen Sie mich an Ihrer Cousine. Ihr Verrat,
Der meine treue Liebe mit den Füßen trat,
Muß auch Sie beleidigen und zutiefst empören.

ÉLIANTE

Was soll ich tun?

ALCESTE

Sie sollen mich erhören.
Ihnen gehört mein Herz, Sie haben mein Versprechen,
So kann ich mich am besten an ihr rächen.
Ich will sie bestrafen, indem ich mich Ihnen ergebe
Und Ihnen den Himmel zu Füßen lege.
Ich will Sie auf Händen durchs Leben tragen,
Und mich nie über irgendetwas beklagen.
Ich werde Ihnen ewig die Treue halten,
Meine Gefühle für Sie werden nie erkalten.

ÉLIANTE

Ich habe durchaus Verständnis für Ihre Not
Und fühle mich auch geehrt durch Ihr Angebot,
Aber vielleicht ist sie doch nicht so schlimm die Sache,
Und auf einmal vergeht Ihnen der Wunsch nach Rache.
Hat jemand, den wir lieben, uns etwas getan,
Nimmt man sich manches vor – und läßt es dann.
Hat man auch aus den besten Gründen mit ihr gebrochen,
Die schuldige Schöne wird allzugerne freigesprochen.
Wie schnell hören Liebende auf, sich zu hassen;
Nein, auf einen solchen Streit kann man sich nicht verlassen.

ALCESTE

Doch, Madame, doch! Die Beleidigung war zu groß.
Es gibt kein Zurück. Ich sage mich von ihr los.
Daran ändert sich nichts. Ich müßte mich ja schämen,
Würde ich ihr das nicht ewig übelnehmen.
Da kommt sie. Gehn Sie! Ich rechne mit ihr ab.
Danach erfüll ich das Versprechen, das ich Ihnen gab.

DRITTER AUFTRITT

Alceste, Célimène

CÉLIMÈNE

Warum geht Ihr denn? Was starren Sie mich so an?
Was ist denn los? Hab ich Ihnen was getan?
Was hat das alles zu bedeuten?

ALCESTE

              Daß deine Schande
Schlimmer ist als alles, was man bisher kannte.
Es gibt auf der Welt viele Ratten,
Aber deine Bosheit stellt alles in den Schatten.

CÉLIMÈNE

Das ist ja ein reizender Empfang. Dann kann ich wohl gehen.

ALCESTE

Du bleibst. Du wirst dich unterstehen,
Mir noch einmal etwas vorzumachen. Ich weiß,
Daß du mich betrügst. Ich habe den Beweis.
Ich habe es längst geahnt, und nur deswegen
War ich so gereizt. Etwas in mir sträubte sich dagegen,
Aber immer hat mich mein Gefühl gewarnt:
Paß auf, daß sie dich nicht allzu sehr umgarnt.
Ich weiß, Liebe läßt sich nicht erzwingen,
Mit Gewalt kann man in kein Herz eindringen.
Deswegen hätt ich mich auch nie beklagt,
Hätten Sie mir von Anfang an die Wahrheit gesagt
Und meinen Antrag abgewiesen. Dann wären Sie nicht schuld,
Längst trüge ich mein Schicksal mit Geduld.
Doch mir Hoffnung zu machen, mir alles zu versprechen,
Das nenne ich Verrat, das ist ein Verbrechen.
Keine Strafe ist hart genug für diesen frechen,
Gemeinen Betrug. Alles darf ich tun, um mich zu rächen.

Ja, ja, machen Sie sich auf das Schlimmste gefaßt,
Ich bin nicht mehr ich selbst. Ich bin ein Mensch, der haßt.
Ich bin nicht mehr Herr über meinen Verstand,
Ich warne Sie, ich habe mich nicht mehr in der Hand,
Ich bin dermaßen in Wut geraten,
Ich bin nicht mehr verantwortlich für meine Taten.

CÉLIMÈNE

Sagen Sie mir bitte, woher kommt dieser neue Wahn?
Ich höre mir dieses verrückte Zeug nicht länger an.

ALCESTE

Verrückt war ich, als ich Ihnen glaubte,
Als mir schon Ihr Anblick meine Sinne raubte.
Als ich dachte, so wie sie mir erscheint,
Sei Ihre Liebe auch wirklich gemeint.

CÉLIMÈNE

Was ist Ihnen denn nun so Schlimmes widerfahren?

ALCESTE

Sie können sich Ihr unschuldiges Getue sparen.
Werfen Sie nur einen Blick hierauf und Ihnen wird klar,
Daß alles aus ist. Das ist doch Ihre Schrift, nicht wahr?
Dieses Zeugnis können Sie nicht mehr widerlegen.

CÉLIMÈNE

Ach, das ist der Grund, weshalb Sie sich so erregen.

ALCESTE

Sie werden nicht mal rot, wenn Sie das sehn?

CÉLIMÈNE

Ich wüßte nicht warum.

ALCESTE

Wie Sie sich darauf verstehn.
Sie sind nicht nur verschlagen, Sie sind auch noch dreist.
Sie hoffen wohl, daß dieser Brief hier nichts beweist,
Weil er nicht unterschrieben ist.

CÉLIMÈNE
Nein, nein,

Es ist ja meine Schrift.

ALCESTE
Sie gestehen es ein?

CÉLIMÈNE

Warum denn nicht?

ALCESTE
Sie wissen wohl nicht mehr,
Was hier in jeder Zeile steht. Wie sehr
Sie hier Oronte Avancen machen,
Und damit über meine Liebe lachen.

CÉLIMÈNE

Oronte? Hat er Ihnen diesen Brief gegeben?

ALCESTE

Das nicht.

CÉLIMÈNE
Aber Sie sagten doch soeben –

ALCESTE

Das spielt doch keine Rolle. Die Leute, die ihn mir gaben,
Waren sich sicher, daß Sie ihn an ihn geschrieben haben.
Aber auch wenn er nicht an ihn gerichtet ist,
Ändert das nichts an Ihrer Hinterlist.
Vielleicht sollte ein ganz anderer diesen Brief empfangen,
Mich haben Sie in jedem Falle hintergangen.

CÉLIMÈNE

Und wenn er nun an eine Frau gerichtet war?

ALCESTE

Nein, darauf wär ich nie gekommen. Wunderbar!
Sie glauben, so ein plumper Trick beeindruckt mich?
Für wie dumm halten Sie mich eigentlich?
Nur zu, das möchte ich zu gern sehen,
Wie Sie es schaffen, diesen Brief umzudrehen;

74

Wie Sie es anstellen, ihn auf eine Frau umzudichten,
Wo sich doch alle Wendungen an einen Geliebten richten.
Hier lesen Sie, um meine Zweifel zu zerstreun,
Nur diese Stelle vor –

CÉLIMÈNE

Das fällt mir gar nicht ein.
Das ist doch albern, wie Sie sich hier benehmen.
Ich mache das nicht mit. Sie sollten sich was schämen.

ALCESTE

Ich will ja nur, daß Sie mir diesen Brief erklären,
Deswegen müssen Sie sich doch nicht gleich beschweren.

CÉLIMÈNE

Nein, ich denke gar nicht dran. Es ist mir auch egal,
Wie Sie den Brief verstehn. Ein – für allemal!

ALCESTE

Sie sollen mir ja nur beweisen, daß man
Auf diese Art auch an eine Frau schreiben kann.

CÉLIMÈNE

Nein, er ist für Oronte. Sie haben Recht.
Er hat mir immer schon gefallen. So schlecht
Ist er ja auch nicht, wir werden sehn.
Reicht das, oder soll ich sonst noch was gestehn?
So. Jetzt können Sie sich ereifern, über alles was ich tue.
Nur lassen Sie mich damit in Ruhe.

ALCESTE

Mein Gott, das gibt es nicht. Ich komm hierher,
Will mich beklagen und werde angeklagt. Je mehr
Sie sagt, desto größer werden meine Qualen.
Sie gibt alles zu, wagt es noch, damit zu prahlen,
Und ich hab Angst, sie könnte mich verlassen.
Ich bin einfach nicht imstande, Sie zu hassen.
Das wissen Sie genau, und darum bitt ich Sie,
Mich weiter nicht zu quälen; verzichten Sie,

Sich dessen anzuklagen, was ich nicht glauben will.
Wenn Sie es doch bestritten hätten! Ich wär längst still.
Läßt sich der Brief denn nicht anders erklären,
Ich bin bereit, Ihnen alles zu gewähren.
Habe ich erst wieder den Eindruck, Sie sind mir treu,
Will ich alles vergessen, und wir beginnen neu.

CÉLIMÈNE

Hören Sie auf! Es ist wirklich zu toll.
Ich wüßte nicht, warum ich Sie noch lieben soll.
Nur ein Narr wie Sie, kann dem Wahn erliegen,
Ich sei darauf angewiesen, Sie zu belügen.
Sollte mein Herz sich wirklich jemand anderem zuneigen,
Warum müßte ich das Ihnen gegenüber verschweigen?
Ich habe Ihnen meine Gefühle deutlich gemacht,
Warum schützt mich das nicht vor Ihrem Verdacht?
Hat denn mein Wort bei Ihnen gar kein Gewicht?
Warum glauben Sie anderen, mir aber nicht?
Für eine Frau bedeutet es eine große Überwindung,
Einem Manne etwas zu gestehn von ihrer Empfindung –
Denn eigentlich gehört es sich ja nicht,
Daß man als Frau darüber spricht –
Ist der, für den man so weit ging, dann noch berechtigt,
Daß er einen weiterhin quält und verdächtigt?
Ich bin beleidigt und müßte Sie untreu nennen,
Daß Sie mein Opfer so wenig anerkennen.
Es reicht, Sie haben mich zutiefst verletzt,
Sie verdienen es gar nicht, daß man Sie schätzt.
Es ist zu dumm, daß ich Sie nicht vergessen kann.
Brächte ich das nur übers Herz, ich wäre besser dran:
Ich brauchte mich den andern nicht mehr zu versagen,
Und Sie hätten wirklich keinen Grund, sich zu beklagen.

ALCESTE

O Célimène, Sie kennen meine Schwäche nur zu gut!

Mit Ihren schönen Worten besänftigen Sie meine Wut.
Selbst wenn das wieder Täuschung ist, was soll ich tun?
Ich muß meinem Schicksal folgen und werde nicht ruhn,
Bis ich Ihre Seele ganz und gar durchschaut habe
Und weiß, ob ich Ihnen nicht doch zu Recht mißtraut habe.

CÉLIMÈNE

Nein, Sie lieben mich nicht, wie man lieben soll.

ALCESTE

Ja, meine Liebe ist ohnegleichen. Sie macht mich toll.
Und nur aus dem Drang heraus, sie Ihnen zu zeigen,
Komme ich dazu, mich selbst gegen Sie zu versteigen.
Ich wünschte, Sie hätten keine von den Gaben,
Die Sie vom Himmel mitbekommen haben.
Ich wäre froh, niemand fände Sie schön,
Sie wären arm und müßten betteln gehn.
Ja, wenn Sie in furchtbare Not gerieten,
Und erst ich könnte Ihnen all das bieten,
Was Sie bisher nicht kannten. Wär das nicht fein,
Sie würden durch meine Liebe zum ersten Mal glücklich sein?

CÉLIMÈNE

Ich danke sehr. Das ist wieder typisch für Sie.
Ich kann nur hoffen, dieser Wunsch erfüllt sich nie.
Da kommt Ihr Herr Dubois und bringt Ihnen was.

VIERTER AUFTRITT

Alceste, Célimène, Dubois

ALCESTE

Was willst du hier? Was soll denn das?

DUBOIS

Monsieur –

ALCESTE

Ja, was ist los?

DUBOIS

Es wird dunkel.

ALCESTE

Was heißt das?

DUBOIS

Es verfinstert sich.

ALCESTE

Was soll das Gemunkel?

DUBOIS

Es zieht sich zu, Monsieur.

ALCESTE

Bist du verrückt?

DUBOIS

Hörn Sie doch, Monsieur, die Sache ist mißglückt.

ALCESTE

Welche Sache? Sprich endlich oder ich bringe dich auf Trab.

DUBOIS

Hier vor der Dame?

ALCESTE

Ja, und zwar kurz und knapp.

CÉLIMÈNE

Soll ich gehn?

ALCESTE

Sie bleiben. Und du sagst, ohne auszuschmücken,
Worum es geht.

DUBOIS

Monsieur, wir müssen uns verdrücken.

ALCESTE

Wieso?

DUBOIS

Man hat uns in der Hand.

ALCESTE

Weshalb?

DUBOIS

Wir müssen aus dem Land.

ALCESTE

Warum?

DUBOIS

Weil wir hier nicht bleiben können.

ALCESTE

Aber aus welchem Grund?

DUBOIS

Der Grund ist, daß wir ihnen nicht entrönnen,
Wenn wir uns nicht aus dem Staube machen.
Und deshalb bring ich Ihnen hier schon Ihre Sachen.

ALCESTE

Dubois, ich prügle dich, bis du nicht mehr weißt, wer du bist,
Wenn du jetzt nicht erzählst, was zu Hause vorgefallen ist.

DUBOIS

Monsieur, ich stand heute mittag in der Küche,
Um mich herum verbreiteten sich schon die schönsten Gerüche,
Da stand auf einmal einer neben mir, schwarz von Kopf bis Fuß,
Und mir war sofort klar, daß das etwas bedeuten muß.
Er ließ ein Papier zurück – in einer winzigen Schrift,
Sie wissen ja, das ist für meine Augen Gift.
Es geht sicher um Ihren Prozeß, ganz ohne Zweifel,
Aber was wirklich drinsteht, weiß der Teufel.

ALCESTE

Und weil du nicht lesen kannst, du Idiot, soll ich beschließen,
Daß wir auf der Stelle verreisen müssen?

DUBOIS

Dazu kann ich nur sagen, Monsieur, nach einer Stunde –
Ich machte gerade in Ihrem Garten meine Runde –
Da kam ganz aufgeregt ein zweiter Herr gerannt –

79

Er hat Sie oft besucht und war mir gut bekannt –
Er wollte Sie sprechen, aber Sie waren nicht da,
Und weil er in mir zu Recht Ihren Vertrauten sah,
Hat er mir zugeflüstert – er war ganz bleich –
Ich sollte Ihnen sagen – wie hieß er doch gleich?

ALCESTE

Schon gut, was hat er gesagt?

DUBOIS

Das kann doch nicht sein,
Er ist ihr Freund und mir fällt der Name nicht ein.
Jedenfalls hat er gesagt: Gefahr ist im Verzug,
Das Urteil ist gefällt und es wäre klug,
Sie wären weg.

ALCESTE

Genaueres hat er nicht gesagt?

DUBOIS

Nein, aber er hat nach Tinte und Papier gefragt.
Er hat mir alles aufgeschrieben. Wie hieß er nur?
Helfen Sie mir doch mal auf die Spur.

ALCESTE

Gib her!

CÉLIMÈNE

Haben Sie eine Ahnung, worum es geht?

ALCESTE

Nein! Ich weiß ja nicht, was auf dem Zettel steht.
Wirds bald? Diese Impertinenz ist nicht zu fassen.

DUBOIS

Es tut mir leid, Monsieur, ich hab ihn liegengelassen.

ALCESTE

Ich bring dich um!

CÉLIMÈNE

Verlieren Sie jetzt keine Zeit,
Gehn Sie und klärn Sie diese Angelegenheit.

ALCESTE

Es ist wie verhext. Es soll uns einfach nicht gelingen,
Daß wir unsere Aussprache je zu Ende bringen.
Deswegen erlaube ich mir, heute abend wieder hier zu sein.

DUBOIS

Warten Sie, Monsieur! Mir fiel der Name wieder ein.

FÜNFTER AUFZUG

ERSTER AUFTRITT

Alceste, Philinte

ALCESTE

Nein, mein Entschluß steht fest, ich bleibe dabei!
Mit meiner Langmut ist es ein – für allemal vorbei!

PHILINTE

Ich gebe zu, man macht es Ihnen nicht gerade leicht,
Aber ich finde nicht, daß das als Grund ausreicht –

ALCESTE

Reden Sie, was Sie wolln, mich geht das nichts an.
Sie bringen mich nicht mehr ab von meinem Plan.
Ich bin von soviel Niedertracht umgeben,
Ich bleibe dabei, hier kann man nicht leben.
Alle stimmen mir zu, das Recht sei auf meiner Seite,
Jeder sagt mir: Ihr Gegner erlebt die größte Pleite;
Ich bin beruhigt – und was ist das Ende?
Der Prozeß nimmt eine ganz andere Wende.
Sie kennen sicher auch das anonyme Pamphlet,
Das seit Tagen in der Stadt durch alle Hände geht.
Sein Inhalt ist dumm, aber dennoch gefährlich,
Und weil allgemein bekannt ist, wie ehrlich
Ich stets meine Meinung sage, zieht mein Gegner vor Gericht
Das Machwerk aus der Tasche und entblödet sich nicht,
Es mir in die Schuhe zu schieben. Und der bloße Verdacht
Hat mir eine Vorladung eingebracht.
Die häb ich fertig gemacht, und nicht schlecht,
Aber in allen andern Punkten bekam er leider Recht.

Und Ihr Freund Oronte, der nutzt das schamlos aus,
Er ist schon unterwegs und rennt von Haus zu Haus.
Er weidet sich daran, daß ich auch diesen Prozeß verlor,
Und wegen des Pamphlets stünde mir auch noch was bevor,
Denn eigentlich sei es ja doch von mir. Und das alles nur,
Weil mir sein Gedicht nicht gefiel. Nein, es ist wider die Natur!
Die Menschen sind schlecht, ich halt es hier nicht länger aus.
Es ist höchste Zeit; ich muß aus dieser Gesellschaft raus.
Von mir aus könnt ihr euch wie die Wölfe an die Hälse gehn,
Mich werdet ihr hier nicht mehr sehn.

PHILINTE

Das ist doch alles halb so schlimm. Warten Sie nur ab,
Durch diesen Schachzug schaufelt sich Ihr Gegner selbst sein Grab.
Die Verleumdung wird er noch bereun.

ALCESTE

O nein!
So einer profitiert von seinen Schweinerein.
An so einem ist noch nie etwas hängengeblieben,
Er ist am nächsten Tag nur besser angeschrieben.

PHILINTE

Wie dem auch sei. Mit dem Pamphlet ist er nicht durchgekommen.
Und der Prozeß wird, wenn wir wollen, wieder aufgenommen:
Wir legen Berufung ein –

ALCESTE

Das tun wir nicht!
Das Urteil bleibt bestehn als Schande fürs Gericht.
Und wenn man mich dafür verhaften sollte,
Dann hätte ich endlich das erreicht, was ich schon immer wollte:
Durch diesen Fall werden künftige Geschlechter erfahren,
Wie verkommen die Menschen heute waren.
Selbst wenn ich zwanzigtausend Francs zahlen muß –
Was sind zwanzigtausend Francs gegen den Genuß,

Die Menschheit des Verrats zu überführen
Und meinen Haß gegen sie aufs neue zu schüren?
          PHILINTE
Naja − aber − andererseits −
          ALCESTE
Bemühen Sie sich nicht!
Oder haben Sie etwa die Stirn, mir ins Gesicht
Auch dies Greuel noch zu entschuldigen?
          PHILINTE
                Nein,
In diesem Falle stimmen wir wirklich überein.
Ich finde auch, die Menschen könnten besser sein.
Aber das ist doch noch kein Grund, daß man ganz allein
Auf eine einsame Insel fährt. Sicher haben Sie Recht,
Ein Teil der menschlichen Natur ist schlecht,
Aber erst dadurch erstrahlt auch die Tugend im richtigen Licht −
Man bekommt das eine ohne das andere nicht.
Stellen Sie sich einmal vor, alle Menschen wären gut −
          ALCESTE
Jaja. Stecken Sie sich Ihre Sprüche an den Hut.
Was Sie auch reden, es hat keinen Sinn,
Meine Wahrheitsliebe reißt mich immer wieder hin.
Ich habe keine Lust, mir die Zunge zu verrenken
Und vor allem, was ich sage, erst einmal nachzudenken.
Deswegen muß ich fort. Ich warte nur noch auf sie.
Sie muß sich entscheiden. Jetzt oder nie.
Wenn sie mitkommt, weiß ich, daß sie mich liebt,
Und daß es für mich noch Hoffnung gibt.
          PHILINTE
Wollen wir solange zu Éliante hinauf?
          ALCESTE
                Sie können gehn,
Ich kann im Augenblick niemand andern sehn.

PHILINTE

Ihr sind Sie auch noch eine Erklärung schuldig.

ALCESTE

Ja, später.

ZWEITER AUFTRITT

Philinte, Célimène, Oronte, Alceste (versteckt)

CÉLIMÈNE

Seien Sie doch nicht so ungeduldig!

Philinte!

PHILINTE

Ich bin auf dem Weg zu Éliante.

CÉLIMÈNE

Und Alceste?

PHILINTE

War eben noch hier. Er wollte Sie sprechen.

ORONTE

Kaum läßt

Der Sie einmal in Ruhe, schon müssen Sie nach ihm fragen!

DRITTER AUFTRITT

Célimène, Oronte, Alceste

ORONTE

Jetzt bin ich hier und jetzt müssen Sie mir sagen,

Ob Sie mich wollen oder nicht. Dieses Hin und Her

Zwischen Hoffen und Bangen, es quält mich zu sehr.
Wenn Sie so für mich, wie ich für Sie brenne, brennen,
Dann müssen Sie sich jetzt zu mir bekennen.
Und als Beweis unsrer Liebe darf ich wohl verlangen,
Daß Sie in Zukunft Herrn Alceste nicht mehr empfangen,
Daß Sie ihn, läßt er sich hier noch einmal blicken,
Sofort wieder nach Hause schicken!

CÉLIMÈNE

Warum können Sie ihn auf einmal nicht mehr leiden?
Ist etwas vorgefallen zwischen euch beiden?

ORONTE

Darauf kommt es im Augenblick nicht an,
Es geht ausschließlich um Ihre Gefühle, Madame.
Bin ich es oder ein andrer, entscheiden Sie sich!
Nach Ihrer Entscheidung richte ich mich.

ALCESTE

Ja, er hat Recht. Sie müssen wählen, Madame,
Ich schließe mich seiner Forderung an.
Unsere Interessen sind ausnahmsweise die gleichen,
Auch meine Liebe verlangt ein untrügliches Zeichen.
Die Sache läßt sich nicht länger hinausschieben,
Sie müssen jetzt erklären, wen Sie lieben.

ORONTE

Ich hoffe, Monsieur, Sie werden das richtig sehn,
Ich habe nicht vor, Ihrem Glück im Wege zu stehn.

ALCESTE

Auch ich, Monsieur, lasse mich nicht dazu verleiten,
Mich mit Ihnen aus Eifersucht zu streiten.

ORONTE

Wenn sie Ihre Liebe der meinen vorzuziehen scheint –

ALCESTE

Wenn sie auch nur etwas für Sie zu empfinden scheint –

ORONTE

Dann werde ich nicht länger auf meinen Wünschen bestehn.

ALCESTE

Dann wird sie mich nie im Leben mehr wiedersehn.

ORONTE

Madame, jetzt können Sie sich frei entscheiden.

ALCESTE

Madame, wer ist es von uns beiden? –
Was ist, Madame, Sie schwanken immer noch?

ORONTE

Was ist, Madame? So wählen Sie doch!

CÉLIMÈNE

Jetzt gleich? Und auf der Stelle? Ist das klug?
Wir hatten heute doch schon Ärger genug.
Ich weiß genau, wem ich den Vorzug gebe,
Und mein Herz ist keineswegs mehr in der Schwebe.
Zwischen Ihnen beiden habe ich längst meine Wahl getroffen
Und könnte es auch sagen, aber doch nicht so offen:
Denn einen von Ihnen müssen meine Worte doch kränken.
Will eine Frau Ihr Herz verschenken,
Muß sie behutsam sein, um die nicht zu verletzen,
Von denen sie hofft, daß sie sie auch weiterhin schätzen.

ORONTE

Nur keine Angst! Ich nehme alles gern in Kauf.
Ich bitte um ein offnes Wort.

ALCESTE

Und ich bestehe drauf.

Ich bin, daß man mir Schlimmes sagt, gewohnt
Und wünsche keineswegs, daß man mich schont.
Alle hinzuhalten, das beherrschen Sie vollkommen,
Aber diese Taktik wird von uns nicht länger hingenommen.
Ich verlange jetzt von Ihnen ein deutliches Geständnis,
Sollten Sie zögern, so ist auch das ein Bekenntnis:

Ich jedenfalls werde Ihr Schweigen richtig verstehn
Und kann darin nur eine Absage sehn.

ORONTE

Mein Herr, das haben Sie wunderschön definiert.
Es ist, als hätt ich es selbst formuliert.

CÉLIMÈNE

Merken Sie nicht, wie Sie mir auf die Nerven gehn?
Tun Sie nur so oder wollen Sie mich nicht verstehn?
Ich habe Ihnen doch den Grund für mein Zögern genannt,
Gott sei Dank, da kommt Éliante, wie vom Himmel gesandt.

VIERTER AUFTRITT

Alceste, Célimène, Oronte, Éliante, Philinte

CÉLIMÈNE

Retten Sie mich, Cousine. Sie werden es kaum glauben,
Was sich diese beiden Herren mit mir erlauben.
Sie verlangen doch tatsächlich, daß ich erkläre,
Welchen von ihnen ich mehr verehre.
Vor ihren Augen soll ich mich für den einen entscheiden
Und den anderen zwingen, mich in Zukunft zu meiden.
Jetzt sagen Sie mir, was halten Sie von so einem Betragen.

ÉLIANTE

Das sollten Sie mich lieber nicht fragen.
Ich fürchte, ich teile Ihre Meinung nicht.
Ich find es besser, wenn man über alles spricht.

ORONTE

Sehr richtig. Sehn Sie, auch das hat Ihnen nichts genützt.

ALCESTE

Es gibt hier niemanden, der Sie noch unterstützt.

ORONTE

Sie müssen Ihre Karten jetzt endlich allen zeigen.

ALCESTE

Sie können, wenn Sie wollen, auch weiter schweigen.

ORONTE

Ein Wort genügt, und wir vergessen diesen Streit.

ALCESTE

Wenn Sie nichts sagen, weiß ich auch Bescheid.

FÜNFTER AUFTRITT

Alceste, Célimène, Oronte, Éliante, Philinte, Arsinoé, Acaste,
Clitandre

ACASTE

Entschuldigen Sie, Madame, daß wir so spät noch stören.
Wir wollen Sie nur bitten, eine kleine Affäre aufzuklären.

CLITANDRE

Gut, daß Sie auch da sind, meine Herrn, denn diese Affäre
Betrifft ganz nebenbei auch Ihre Ehre.

ARSINOÉ

Madame, ich hätte dieses Haus gewiß nicht mehr betreten,
Hätten mich diese beiden Herren nicht darum gebeten.
Sie bestanden darauf, daß ich sie begleiten sollte,
Weil ich ihnen ihre Beschuldigungen nicht glauben wollte.
Sie wissen, daß mir an Ihnen viele Dinge nicht passen,
Aber diesen Verdacht konnte ich nicht auf Ihnen sitzen lassen.
Diese Schandtat traue ich nicht einmal Ihnen zu,
Aber die beiden Herren ließen mir keine Ruh:
Sie hatten Beweise, die sich nicht widerlegen ließen,
Mir blieb nichts übrig, als mich ihnen anzuschließen.

Aber ich bin sicher, Sie werden uns alle überraschen,
Und sich von diesem furchtbaren Verdacht reinwaschen.

ACASTE

Ja, es dürfte uns alle interessieren,
Wie Sie diesen netten Brief hier interpretieren.
Er ist an meinen Freund Clitandre adressiert.

CLITANDRE

Wir hatten ausgemacht, daß einer den andern informiert,
Wenn er von Madame ein Zeichen ihrer Gunst erhält –

ACASTE

Damit der eine nicht dem andern in den Rücken fällt.

CLITANDRE

Deswegen hat Acaste mir diesen Brief gegeben.
Sie werden Ihr blaues Wunder erleben.

ACASTE

Ich nehme an, Sie kennen alle diese schiefe,
Flotte Schrift. Madame schreibt ja nicht wenig Briefe.
Aber ich bin sicher, daß Ihnen dieser hier besonders gefällt;
Er wurde, wie gesagt, meinem Freund Clitandre zugestellt:
„Sie sind doch ein seltsamer Mensch, daß Sie mir meine
Fröhlichkeit vorwerfen und behaupten, ich sei niemals so
ausgelassen wie dann, wenn Sie" – also er – „nicht da sind. Das
ist sehr ungerecht. Und wenn Sie" – also er – „nicht sofort
herkommen und mich um Verzeihung bitten, werde ich Ihnen
niemals vergeben. – Was unsern kleinen Marquis anbelangt –"
Das bin ich, meine Herren, aber ich bin nicht besonders stolz
darauf.
„Was unsern kleinen Marquis anbelangt –"
Wie gesagt, das bin ich.
„ – der gestern stundenlang meine Hand festhielt, ohne ein Wort
zu sagen, so kenne ich nichts Erbärmlicheres als ihn. Er muß sich
wirklich immer umziehen. Er ist kein Marquis, sondern eine
Markise."

Tja, Madame.

„Was den Besserwisser anbelangt –"

Jetzt sind Sie dran, mein Herr.

„ – der an allem etwas auszusetzen hat, so haben mich manchmal seine absurden Ansichten amüsiert, aber noch viel öfter gelangweilt. – Was den dicken Dichter betrifft –"

Jetzt kriegen Sie Ihr Fett!

Also der dicke Dichter – „dem hör ich schon gar nicht mehr zu. Seine Oden waren schon schlimm genug, aber seine Sonette sind vollends unerträglich. Sie sehen also, daß ich mich keineswegs immer so gut unterhalte, wie Sie glauben; daß ich auf all diesen Gesellschaften, auf die man mich schleppt, mehr an Sie" – also ihn – „denke, als ich möchte; und daß zu einem wirklichen Vergnügen die Menschen gehören, die man liebt."

                    CLITANDRE

Der Brief war, wie gesagt, an mich verfaßt.

Und so schreibt sie über mich an meinen Freund Acaste:

„Von Clitandre haben Sie" – also er – „nichts zu befürchten. Er tut zwar immer sehr süß, aber er ist der letzte, für den ich etwas empfinden könnte. Er ist verrückt, wenn er sich einbildet, man könnte ihn" – also mich – „lieben, und Sie sind es" – also er – „wenn Sie glauben, Sie würden nicht geliebt. Seien Sie also vernünftig und besuchen Sie mich, so oft Sie können, und helfen Sie mir die schlechte Laune zu vertreiben, die mir seine" – meine – „Besuche bereiten."

Das wars, Madame. Sie haben Talent.

Aber Sie wissen wohl selber, wie man sowas nennt.

Ich halte mich zurück und sage es nicht,

Aber morgen früh kennt die Welt Ihr wahres Gesicht.

                    ACASTE

Es gäbe schon noch Einiges zu sagen, Madame,

Aber darauf kommt es jetzt nicht mehr an.

Es gibt andere Frauen und bessere als Sie,

Die wissen, was sie an mir haben, „dem kleinen Marquis"!

SECHSTER AUFTRITT

Alceste, Célimène, Éliante, Philinte, Oronte, Arsinoé

ORONTE

So denken Sie also über mich und meine künstlerischen Gaben.
Und das nach allem, was Sie mir geschrieben haben!
Ihr Herz hat sich mir gegenüber nur verstellt,
Sie offerieren es ja nach und nach der ganzen Welt.
Ich war schön dumm, aber das passiert mir nicht noch mal.
Ich danke Ihnen. Sie haben mich kuriert. Meine Qual
Ist zu Ende, aber Ihre fängt erst an. Sie werden es bereun,
Daß Sie mein Herz nicht wollten. Mich kann das nur freun.
Ich werde mich nicht rächen für diesen Betrug,
Daß Sie mein Herz verloren, ist Strafe genug. –
Die Bahn ist frei, mein Herr. Ich trete zurück.
Versuchen Sie mit der Dame Ihr Glück.

SIEBENTER AUFTRITT

Alceste, Célimène, Éliante, Philinte, Arsinoé

ARSINOÉ

Was haben Sie getan? Ich bin erschüttert.
Ich konnte nichts sagen, ich hab am ganzen Leib gezittert.
So etwas habe ich noch nie im Leben mitgemacht.
Mein Gott, was haben Sie sich nur dabei gedacht?
Von den andern will ich gar nicht reden. Aber er!
Wie konnten Sie nur? Er liebte sie doch so sehr.
Ein so feiner Mensch, ein so herzensguter Mann,
Der Sie vergöttert hat, dem tun Sie sowas an.

Mußten Sie ihn wirklich so tief verwunden?
Wie soll er jemals –

ALCESTE

Ich wäre Ihnen wirklich sehr verbunden,
Wenn Sie mich meine Interessen selbst vertreten ließen.
Außerdem fürchte ich, Madame, es wird Sie verdrießen,
Wenn Sie merken, daß Sie sich vergebens engagieren,
Denn ich kann mich für Ihr Mitgefühl nicht revanchieren.
Meine Wahl fiele gewiß nicht auf Sie,
Wenn ich mich rächen wollte für diese Infamie.

ARSINOÉ

Wie? Sie glauben ich hätte an sowas gedacht?
Was hat Sie denn auf diesen Gedanken gebracht?
So eine Unverschämtheit! Was fällt Ihnen ein?
Sie müssen ganz schön eingebildet sein.
Glauben Sie, daß eine Ware, die Madame verschmäht,
Bei andern noch im Kurse steht?
Steigen Sie von Ihrem Podest, mein lieber Mann,
An Leute wie mich reichen Sie nicht heran.
Und hören Sie auf, Madame zu verdammen:
Ihr beide paßt wirklich gut zusammen.

ACHTER AUFTRITT

Alceste, Célimène, Éliante, Philinte

ALCESTE

So. Ich habe geschwiegen. Und ließ die andern reden, Madame.
Das ist wohl der Beweis, daß ich mich auch beherrschen kann.
Darf ich jetzt –

CÉLIMÈNE

Ja. Alceste, Sie dürfen mir alles sagen.
Sie haben jedes Recht, mich anzuklagen.
Ich bin schlecht, ich gebe es zu. Wie kann ich hoffen,
Mich noch zu entschuldigen. Ich habe Sie zu sehr getroffen.
Den Vorwürfen der anderen könnte ich leicht widersprechen,
Aber Ihnen gegenüber wars ein Verbrechen.
Ich weiß, niemand kann mir diese Schuld erlassen.
Sie können nichts andres tun, als mich zu hassen.
Ja, hassen Sie mich.

ALCESTE

Ich kann es nicht.
Auch wenn meine ganze Vernunft dagegenspricht.
Mein Herz gehorcht nicht mehr meinem Verstand,
Zu lange halten Sie es schon in ihrer Hand. –
Da sehn Sie es, so würdelos kann einen die Liebe machen.
Wenn Sie wolln, können Sie über mich lachen.
Und das ist noch nicht das Ende. Ich muß,
Ob ich will oder nicht, weitermachen, bis zum Schluß.
Wir Menschen gelten als vernünftige Wesen,
Wer das behauptet, ist nie Mensch gewesen. –
Ja, Célimène, ich will noch einmal alles vergessen
Und Ihren Leichtsinn Ihrer Jugend beimessen.
Aber dafür müssen Sie sich ganz und gar in meine Hände geben.
Ich führe Sie von hier fort, in ein besseres Leben.
Weg von den Menschen, in die Einsamkeit.
Nur wir beide, Sie und ich, allein zu zweit.
Nur so können Sie wieder gutmachen,
Was Sie mit diesen Briefen verbrachen.
So können Sie sich von der Schande reinigen,
Und sich aufs neue mit mir vereinigen.

CÉLIMÈNE

Was? Ich soll mich in der Einsamkeit vergraben
Und gar nichts mehr vom Leben haben?

ALCESTE

Wir lieben uns. Was brauchen wir noch mehr?

CÉLIMÈNE

Ich bin erst zwanzig. Da fällt es einem schwer,
Sich von allem zu trennen. Mir fehlt der Mut
Zu so einem Leben. Es wäre auch für Sie nicht gut:
Hier schätzt man Sie. Und wenn Sie mich immer noch begehren,
Dann will ich mich nicht länger wehren,
Und Ihnen meine Hand –

ALCESTE

Jetzt will ich Sie nicht mehr!
Diese letzte Weigerung traf mich zu sehr.
Sie hatten niemals vor, sich mit mir zu verbinden,
Wenn Sie in meiner Liebe nicht Ersatz für alles finden.
Gehn Sie weg! Ich kann Sie nicht mehr sehn.
Hören Sie nicht? Sie sollen gehn!

NEUNTER AUFTRITT

Alceste, Éliante, Philinte

ALCESTE

Éliante, in Ihnen hat sich die Tugend mit der Schönheit vereint;
Sie sind die einzige, die mir noch rein erscheint.
Ich habe Sie deswegen seit langem verehrt,
Und Sie bleiben mir auch in Zukunft lieb und wert.
Und dennoch, hoff ich, werden Sie verstehn,
Daß ich, nach allem was gerade hier geschehn,
Mein Wort nicht halten kann. Ich bin zu verstört,
Um mich jetzt neu zu binden. Ich bin es auch nicht wert.
Ich fühle mich beschmutzt und sehe allmählich ein:

Ich bin nicht geschaffen für ein Leben zu zweien.
Und Sie, die Sie so viel mehr verdienen,
Kann es nur kränken, wenn ich Ihnen
Ein Herz anbiete, das eine andre verschmäht,
Die um so vieles unter Ihnen steht.
Und letzten Endes –

ÉLIANTE

Schon gut! Seien Sie still!
Ich finde schon jemanden, der mich will.
Ich würde mich zum Beispiel nicht schämen,
Ihren Freund zu bitten, sich meiner anzunehmen.

PHILINTE

Ja? Etwas Schöneres kann es für mich nicht geben,
Mit Freuden weihe ich Ihnen mein ganzes Leben.

ALCESTE

Ich wünsch euch beiden viel Glück!
Ich ziehe mich jetzt aus der Welt zurück.
Ich suche mir einen Winkel, wo man als Ehrenmann
Noch ungestört und in Frieden leben kann.

ZEHNTER AUFTRITT

Éliante, Philinte

PHILINTE

Wir müssen ihm nach, jetzt gleich, wenn wir ihn lieben,
Wir sind die einzigen Freunde, die ihm blieben.

– ENDE –

Wach' auf zur Nacht durch holde Liebestöne,
Lass meine Glut in's Herz Dir Funken sprüh'n!
Zu lange schläfst Du, wunderbare Schöne,
Denn Schlafen heisst, in Liebe nicht erglüh'n.

Sei ohne Furcht! es ist im Reich der Liebe
Das Uebel nicht so gross wie man es macht:
Seufzt auch das Herz im Sturme holder Triebe,
Sein Leid zu stillen steht in seiner Macht.

Der Liebe Leid ist ihr verschämtes Schweigen,
O, mir zu Liebe löse diesen Zwang!
Die Liebe will ein Herz, das ganz ihr eigen,
Du aber zitterst, vor dem Glücke bang.

Giebt es ein süssres Joch und süssre Schmerzen,
Als das Gesetz der Liebe auferlegt?
Giebt's höhres Glück, als Königin der Herzen
Zu sein, wo Liebe Kron' und Scepter trägt?

Drum, holde Amaranth, still' mein Verlangen,
Gewähre Dir und mir der Liebe Glück
So lang Du blühst in junger Schönheit Prangen:
Die Zeit verschwindet und kommt nicht zurück.

Molière

VON
MENSCHENFREUNDEN
&
MENSCHENFEINDEN

„Ich ziehe mich jetzt aus der Welt zurück.|Ich suche mir einen Winkel, wo man als Ehrenmann|Noch ungestört und in Frieden leben kann.
Alceste im „Menschenfeind" – Stückschluß

O. de Vaumorière, Die Kunst, im Gespräch zu gefallen, Paris 1688

DIE LIEBE ZUR EINSAMKEIT – Als ich jung war und mich von der Gewalt der Leidenschaften in die Welt ziehen ließ, um in der Gesellschaft und ihren Freuden Zerstreuung von grausamen Seelenqualen zu finden, predigte man mir Liebe zur Einsamkeit, zur Arbeit und quälte mich bis zur Ermüdung mit pedantischen Redensarten über dieses Thema. Vierzig Jahre alt, frei von den Leidenschaften, welche die Gesellschaft erträglich machen, nur noch deren Elend und Nichtigkeit betrachtend, bedarf ich auch nicht mehr der Welt, um Qualen zu übertäuben, die ich nicht mehr fühle. Mein Gefallen an der Einsamkeit und an der Arbeit ist sehr groß geworden und hat alles übrige aufgesogen. Ich gehe nicht mehr in die Gesellschaft. Und jetzt quält man mich unaufhörlich zurückzukehren. Man beschuldigt mich des Menschenhasses usw. Was soll man aus diesem wunderlichen Widerspruch schließen? Daß die Menschen das Bedürfnis haben, alles zu tadeln.   Chamfort

Flandrin, Jüngling am
Meeresstrand, 1855

VON FREUNDEN UND FEINDEN – Überlege nur mit dir selber einmal, wie verschieden die Empfindungen, wie geteilt die Meinungen, selbst unter den nächsten Bekannten sind; wie selbst gleiche Meinungen in den Köpfen deiner Freunde eine ganz andere Stellung oder Stärke haben als in deinem; wie hundertfältig der Anlaß kommt zum Mißverstehen, zum feindseligen Auseinanderfliehen. Nach alledem wirst du dir sagen: wie unsicher ist der Boden, auf dem alle unsere Bündnisse und Freundschaften ruhen, wie nahe sind kalte Regengüsse oder böse Wetter, wie vereinsamt ist jeder Mensch! Sieht einer dies ein und noch dazu, daß alle Meinungen und deren Art und Stärke bei seinen Mitmenschen ebenso notwendig und unverantwortlich sind wie ihre Handlungen, gewinnt er das Auge für diese innere Notwendigkeit der Meinungen aus der unlösbaren Verflechtung von Charakter, Beschäftigung, Talent, Umgebung, – so wird er vielleicht die Bitterkeit und Schärfe der Empfindung los, mit der jener Weise rief: „Freunde, es gibt keine Freunde!" Er wird sich vielmehr eingestehen: ja es gibt Freunde, aber der Irrtum, die Täuschung über dich führte sie dir zu; und Schweigen müssen sie gelernt haben, um dir Freund zu bleiben; denn fast immer beruhen solche menschliche Beziehungen darauf, daß irgendein paar Dinge nicht gesagt werden, ja daß an sie nie gerührt wird: kommen diese Steinchen aber ins Rollen, so folgt die Freundschaft hinterdrein und zerbricht. Gibt es Menschen, welche nicht tödlich zu verletzen sind, wenn sie erführen, was ihre vertrautesten Freunde im Grunde von ihnen wissen? – Indem wir uns selbst erkennen und unser Wesen selber als eine wandelnde Sphäre der Meinungen und Stimmungen ansehen und somit ein wenig gering-

Karl Lagerfeld, ohne Titel, 1994

schätzen lernen, bringen wir uns wieder ins Gleichgewicht mit den übrigen. Es ist wahr, wir haben gute Gründe, jeden unserer Bekannten, und seien es die größten, gering zu achten; aber ebenso gute, diese Empfindung gegen uns selber zu kehren. – Und so wollen wir es miteinander aushalten, da wir es ja mit uns aushalten; und vielleicht kommt jedem auch einmal die freudigere Stunde, wo er sagt:

„Freunde, es gibt keine Freunde!" so rief der sterbende Weise;

„Feinde, es gibt keinen Feind!" – ruf' ich, der lebende Tor.   Friedrich Nietzsche

Jurr Pool, Die Anatome C. Boekelman (mit einem menschlichen Herz in der Hand) und Jan Six, 1699

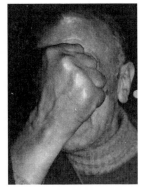

Gerhard Gäbler,
Montags-Demonstrant,
1989/1990

Wenn wir einen Menschen hassen, so hassen wir in seinem Bild etwas, was in uns selber sitzt. Was nicht in uns selber ist, das regt uns nicht auf.

Hermann Hesse

DER MENSCH IST NUR VERSTELLUNG – So ist das Leben eine fortwährende Täuschung; man tut nichts, als sich gegenseitig zu betrügen und einander zu schmeicheln. Niemand spricht in unsrer Gegenwart von uns so, wie er in unsrer Abwesenheit sprechen würde. Die Einigkeit, die unter den Menschen besteht, ist nur auf diese gegenseitige Täuschung gegründet, und nur wenige Freundschaften würden bestehen, wenn jeder wüßte, was sein Freund von ihm sagt, wenn er nicht dabei ist, obgleich er dann aufrichtig und ohne Leidenschaft von ihm spricht.

Der Mensch ist also nur Verstellung, Lüge und Heuchelei, sowohl sich selbst wie andren gegenüber, und all diese Anlagen, die so weit von Gerechtigkeit und Vernunft entfernt sind, haben eine natürliche Wurzel in seinem Herzen.

Blaise Pascal

B eim Anblick all
dessen, was auf
der Welt vorkommt,
müßte der größte
Menschenfeind zuletzt
heiter werden und
Heraklit vor Lachen
sterben.
Chamfort

Sammlung Lavater, Köpfe nach Raphael, 17. Jahrhundert

TIMON – DER MENSCHENFEIND – Für all mein übriges Leben aber setze und verordne ich hiermit zum Grundgesetze: mit keinem Menschen Umgang zu haben, keinen zu kennen, über alle wegzusehen. – Die Wörter, Freund, Gast, Camerad, und Altar der Barmherzigkeit sollen ohne Bedeutung in meiner Sprache, und Mitleiden mit einem Weinenden zu tragen oder einem Dürftigen zu helfen, soll Verbrechen und Umsturz der guten Sitten seyn. Ich will einzeln und für mich allein leben wie die Wölfe, und keinen andern Freund in der Welt haben als den Timon. Alle andere will ich für Feinde, Diebe und Meuchelmörder halten, und mit einem von ihnen zu sprechen, soll mir Verunreinigung seyn. Der Tag, an dem ich einen Menschen nur erblickt habe, soll als ein unglücklicher Tag angezeichnet werden. Es soll mir nicht erlaubt seyn, weder einen Gesandten von ihnen anzunehmen, noch mich in irgend ein Bündnis mit ihnen einzulassen: kurz es soll so wenig Gemeinschaft zwischen mir und ihnen seyn als ob sie steinerne oder eherne Bildsäulen wären.

Timon sey für sich allein reich, lasse sich allein mit sich selbst wohl seyn, weit von allen Schmeichlern und pausbackichten Lobrednern entfernt; allein, auch wenn er den Göttern opfert und das festliche Opfermahl begeht, weil er keinen andern Haus- und Feldnachbar hat als sich selbst, und alle übrige von sich abgeschüttelt hat. Ja, sogar im Tode soll er von keinem andern Menschen als von sich selbst Abschied nehmen, und sich mit eigener Hand den Kranz aufsetzen, der einem Verstorbenen von seinen Freunden aufgesetzt zu werden pflegt. Ich will stolz darauf sein, den Namen Menschenfeind zu führen, und mürrisches Wesen, Grobheit, Brutalität und Unmensch-

107

Max Klinger, An die Schönheit, 1888

lichkeit sollen die Kennzeichen meines Charakters sein. Wenn ich einen Menschen in Gefahr sähe im Feuer umzukommen, und er flehte mich an, die Flamme zu löschen, so will ich aus allen Kräften mit – Pech und Öl löschen, und wenn ein reissender Winterstrom einen vor meinen Augen daher wälzt, und er mich mit emporgestreckten Armen um Hülfe anruft, so soll es mir Pflicht seyn, ihn mit dem Kopf hinabzustoßen, und mit Gewalt zu verhindern, daß er nicht wieder auftauchen könne. Denn nur auf diese Weise werde ich ihnen wiedergeben, was ich von ihnen empfangen habe.

Timon im Timon-Dialog des Lukian von Samosata

Timon, der Menschenfeind, mag innerlich düster und abweisend sein, nach außen ist er höflich und förmlich; er vergißt sich nicht, tut nicht vertraut mit den Menschen; er behandelt sie mit gemessenem Anstand und benimmt sich so, daß er jede Vertraulichkeit von sich fern hält; er hat keine Lust, sie genauer kennenzulernen oder Freunde unter ihnen zu gewinnen; einer Frau ähnlich, die bei einer andern zu Besuch ist.

La Bruyère

Im Grunde ging er voller Mißtrauen und voller Begierde zugleich zwischen den Menschen umher. Ja, wenn er es recht bedachte, war er sogar unablässig zwischen zwei Alarmglocken hin- und hergerannt. Schwieg eine Weile das Mißtrauen, so schellte die Begierde. Ruhte sie aber vorübergehend, so ratterten die Signale des Argwohns. Nie fand er zum Schlaf in der Nähe eines anderen ...

Botho Strauß

M an mag die Menschen noch so sehr verachten, es läßt sich schwer ohne Leute leben.

Arthur Schnitzler

SEHEN UND GESEHENWERDEN – Man möchte annehmen, daß vielfach angeblickt werden, die Lebensgeister eines Menschen sammelt, züchtigt und zu größerer Leistung antreibt; wogegen derjenige, der kaum angesehen wird, mit arbeitslosen flegelhaften, durch und durch undisziplinären Lebensgeistern sich herumschlagen muß. Es besteht kein Zweifel, daß der Mensch seine Orientierung ebenso im Gesehenwerden wie im Sehen findet. Wohl kann man leben, ohne zu sehen, als Blinder, aber ein Lebewesen, das nie und nirgends gesehen wird, scheint nicht vorstellbar. Irgendeiner Bremse in den Facetten, einem Hund im verschwommenen Raster, einem Bussard als Umriß und Schatten müssen wir erscheinen, um zu existieren. Botho Strauß

Wir suchen unser Glück außer uns selbst in der Meinung der Menschen, die uns doch als schmeichlerisch, unaufrichtig, ungerecht, neidisch, launisch und voreingenommen bekannt sind: welche Wunderlichkeit! La Bruyère

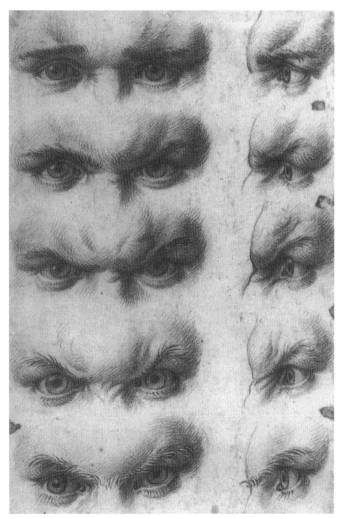

Charles Le Brun, Augenstudie, 17. Jahrhundert; links: Charles Le Brun,
Das Begehren, 1687

Anselm Feuerbach, Iphigenie, 1871

E s ist zu bezweifeln, ob ein Vielgereister irgendwo in der Welt häßlichere Gegenden gefunden hat als im menschlichen Gesichte.

Friedrich Nietzsche

L.-L. Boilly,
Die Grimassen,
1824/25

DER BALL DER MASKEN – Wir sind zu unaufmerksam oder zu sehr mit uns selbst beschäftigt, um uns gegenseitig zu ergründen. Wer auf einem Ball die Masken gesehen, wie sie freundschaftlich miteinander tanzen, sich bei der Hand hielten, ohne sich zu kennen, und sich im Augenblick darauf verließen, um sich nie wiederzusehen – der kann sich eine Vorstellung vom Wesen der Welt machen. Vauvenargues

Die Gesellschaft, ihre Kreise, Salons usw., was man eben die Welt nennt, ist ein elendes Stück, eine schlechte uninteressante Oper, die sich nur durch den Effekt der Maschinerie und der Dekoration hält. Chamfort

Es ist gut, die Gesellschaft zu verachten und sich ihrer zu bedienen: aber um wieviel besser ist es, sie ganz einfach nur zu verachten. Jules Renard

Je mehr wir Feinde unserer Mitmenschen werden, desto weniger können wir sie entbehren.

Jean-Jacques Rousseau

DIE FREUDEN DES DASEINS – Man lebt nun mal unter Menschenmassen, und diesen Massen gegenüber immer ein Gefühl der Beängstigung zu haben, heißt eine Menge Freuden des Daseins streichen.

Theodor Fontane

IN DER EINSAMKEIT WIRD DER MENSCH ZUM TIER – Nicht das gesellige Bedürfnis bringt den Menschen herunter, er kommt herunter, wenn er sich von der Gesellschaft zurückzieht. Wer nur für sich allein leben wollte, würde bald die Fähigkeit verlieren zu denken und seine Gedanken auszusprechen. Er wäre sich selbst zur Last und würde sich wieder in ein Tier verwandeln.

Voltaire

Mit geliebten Menschen zusammen sein: mehr braucht es nicht; träumen, mit ihnen sprechen, nicht sprechen, an sie denken, an die gleichgültigsten Dinge denken, aber in ihrer Nähe: alles gilt gleich.

La Bruyère

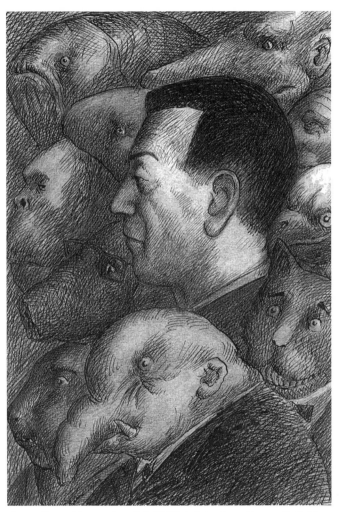

Roland Topor, Tiermenschen, 1977. Bild linke Seite oben: „Urmensch", Tafel aus der Sammlung Cesare Lombros, 19. Jahrhundert

Charles Le Brun, Die reuige Magdalena entsagt allen Eitelkeiten des Lebens, 1656/57

D em Egoismus der
Menschen ist
jedes Ideal verhaßt, das
mehr von ihnen for-
dert als eine höfliche
Maske.

Hermann Hesse

EITELKEIT – Alle Lächerlichkeiten der Menschen
charakterisieren nur eine schlechte Eigenschaft, nämlich
die Eitelkeit, und da die Leute der großen Welt ihre
Leidenschaften dieser Schwäche unterordnen, so liegt
offenbar deswegen so wenig Wahrheit in ihrer Lebens-
führung. Nichts ist so natürlich im Menschen wie die
Eitelkeit und nichts entfremdet ihn so sehr der Natur.

Vauvenargues

DIE WELT VERHÄRTET DAS HERZ – Die Welt
verhärtet das Herz der meisten Menschen. Wer nicht hart
werden kann, muß sich eine Art künstlicher Fühllosigkeit
angewöhnen, um weder von den Männern noch von den
Weibern zum Narren gehalten zu verden. Einen ehrli-
chen Menschen überkommt nach einigen Tagen in der
Gesellschaft ein peinliches und trauriges Gefühl. Nur
einen Vorteil hat er davon, er liebt dann die Einsamkeit
um so mehr.

Chamfort

117

DIE KOMIK BEGINNT BEI DER VERSTEIFUNG –
Die Komödie beginnt an dem Punkt, wo sich der *einzelne
gegen das Leben in der Gemeinschaft* sträubt – mit
anderen Worten: bei der Versteifung. Komisch ist eine
Person, die automatisch ihren Weg geht, ohne sich um
den Kontakt mit anderen zu bemühen. Das Lachen ist
dazu da, den Einzelgänger zurückzuholen und aus seiner
Zerstreutheit zu wecken. Um nur ein Beispiel, und zwar
ein bescheidenes, zu nennen: Ein Junge tritt in eine neue
Schule über. Nachdem er die gefürchteten Aufnahme-
examen bestanden hat, sieht er sich vor neue Prüfungen
gestellt, Bewährungsproben, von seinen Kameraden er-
dacht, um ihn nach dem Muster der neuen Gemeinschaft
umzumodeln und zu „lockern". Jede kleine Gemeinschaft, die sich im Schoß der großen bildet, entwickelt so
eine Methode, das starre Schema der von außen mitge-
brachten Gewohnheiten zu lockern, zu durchbrechen,
umzuformen. Nicht anders verfährt die eigentliche, die
große Gesellschaft. Sie zwingt jedes ihrer Glieder, auf
seine Umgebung zu achten, sich ihr anzupassen und zu
vermeiden, daß es sich in seinen Charakter zurückzieht
wie in ein Schneckenhaus. Sie sorgt dafür, daß über jedem
wenn nicht gerade die Drohung einer Strafe, so doch die
Furcht vor einer Demütigung schwebt; und mag die
Demütigung auch leicht sein, sie ist dennoch gefürchtet.
Da nun das Lachen für den, dem es gilt, immer ein wenig
demütigend ist, kann man es als eine wahre soziale
Züchtigung betrachten.
Dies erklärt die zweifache Natur der Komik. Sie gehört
weder ganz zur Kunst noch ganz zum Leben. Einerseits
würden wir niemals über Personen im wirklichen Leben
lachen, wären wir nicht imstande, ihnen wie von einer

Karl Lagerfeld, Les Liaisons dangereuses, 1994

Theaterfolge aus zuzusehen; sie sind in unseren Augen nur insofern komisch, als sie uns ein Schauspiel bieten. Andererseits aber ist unsere Freude am Lachen sogar im Theater kein reiner Spaß, kein ausschließlich ästhetisches, völlig desinteressiertes Vergnügen. Immer ist ein Hintergedanke dabei, und wenn nicht wir ihn haben, so hat ihn statt unser die Gesellschaft. Dazu kommt die uneingestandene Absicht zu demütigen und dadurch – zumindest äußerlich – zu korrigieren. Deshalb steht die Komödie dem wirklichen Leben sehr viel näher als das Drama. Die Elemente des komischen Charakters im Theater und im Leben sind dieselben. Welches sind diese Elemente? Sie lassen sich mühelos bestimmen.

Wir lachen über Alceste im „Menschenfeind". Man wird mir nun sagen, das Komische an ihm sei doch aber nicht seine Rechtschaffenheit, es sei vielmehr die besondere Form, welche die Rechtschaffenheit bei ihm angenommen hat, es sei das Verschrobene daran, das uns den Geschmack an ihr verdirbt. Einverstanden, aber wahr bleibt trotzdem, daß Alcestes Verschrobenheit, über die wir lachen, *seine Rechtschaffenheit lächerlich macht*, und das ist der springende Punkt. Die Komik ist also nicht immer das Kennzeichen eines Fehlers im moralischen Sinn.

In der Tat und Wahrheit kann eine komische Person ohne weiteres im Einklang mit der strengen Moral handeln. Sie müßte sich nur noch mit der Gesellschaft in Einklang bringen. Alceste hat den Charakter eines vollkommen rechtschaffenen Mannes. Aber er ist ungesellig, und deshalb ist er komisch. Über ein bewegliches Laster lacht man nicht so schnell wie über eine unbeugsame Tugend. Alles *Steife* ist der Gesellschaft verdächtig. Wir lachen

E s gibt keinen
Menschen-
hasser in der Natur, als
wer sich allein anbetet
oder sich selbst
verachtet.

Friedrich Schiller

J. C. Lavater,
Physiognomik,
Zur Beförderung der
Menschen-
kenntniß und
Menschenliebe, 1829

also über Alcestes Steifheit, auch wenn sie in seinem Fall Rechtschaffenheit bedeutet. Wer sich absondert, der gibt sich der Lächerlichkeit preis, weil die Komik zum großen Teil von dieser Isolierung lebt.   Henri Bergson

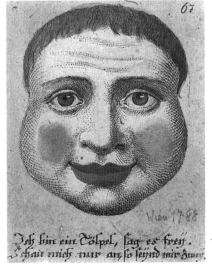

„Ich bin ein Tölpel, sag es frey. / schau mich nur an, so seynd mir zwey."
Kolorierte Radierung, 1788

Charles Le Brun, *Das Weinen*, 1687

Die Menschen!
O je! da muß
ich pinkeln.

Jules Renard

DER EINSIEDLER – Als ich dem Einsiedler Simplizis-
simus anriet, er solle sich dennoch wieder unter die
Menschen begeben, damit er nicht so einsam wie ein
unvernünftiges Vieh sterbe, wo er doch jetzt gute Gelegenheit habe, mit uns wieder in sein Vaterland zu reisen,
antwortete er: „Mein Gott, was verlangt ihr von mir? Hier
ist Friede, dort ist Krieg; ich weiß nichts von Hoffart, von
Geiz, von Zorn, von Neid, von Eifer, von Falschheit, von
Betrug, von allerhand Sorgen um Nahrung und Kleidung,
noch um Ehre und Ansehen; hier ist eine stille Einsamkeit
ohne Zorn, Hader und Zank: eine Sicherheit vor eitlen
Begierden, eine Festung wider alles unordentliche Verlangen, ein Schutz gegen die vielfältigen Stricke der Welt
und eine stille Ruhe, worin man dem Allerhöchsten allein
dienen, seine Wunder betrachten und ihn loben und

Jahre kommen und
vergehen, die Men-
schen kommen und
gehen, und die Zeit
und die Menschen
wollen mir wohl, und
ich habe meinen Platz
unter der Sonne.

Ingeborg Bachmann

Arnold Böcklin,
Der Sommertag, 1881

preisen kann. Als ich noch in Europa lebte, war alles mit Krieg, Brand, Mord, Raub, Plünderung, Frauen und Jungfrauen schänden usw. erfüllt. Als aber die Güte Gottes solche Plagen samt der schrecklichen Pest und dem grausamen Hunger hinweg nahm und, dem armen bedrängten Volk zum Besten, den edlen Frieden wieder sendete, da kamen allerhand Last der Wollust, wie Fressen, Saufen und Spielen, Huren und Ehebrechen, welche den ganzen Schwarm der anderen Laster alle nach sich ziehen, bis es endlich so weit kommt, daß einer sich öffentlich durch Unterdrückung des anderen groß macht, wobei dann nicht an List, Betrug und politischer Spitzfindigkeit gespart wird. Und das Allerschlimmste ist dieses: Daß keine Besserung zu hoffen ist, da jeder meint, wenn er nur alle acht Tage, wenn es eben paßt, dem Gottesdienst beiwohnt und sich etwa einmal im Jahr vermeintlich mit Gott versöhnt, er habe es als ein frommer Christ nicht nur wohl ausgerichtet, sondern Gott sei ihm dazu ob solch lauer Andacht noch viel schuldig. Sollte es mich nun wieder nach einem solchen Volk verlangen? Müßte ich nicht Sorge tragen, daß es mir wie dem Jonas ergehen würde, wenn ich diese Insel, in welche mich der liebe Gott ganz wunderbarerweise versetzt hat, wieder verlasse?" „Nein!" sagte er, „vor solchem Beginnen soll mich Gott behüten."   Hans Jakob von Grimmelshausen

Haltet Abstand von mir, oder ich sterbe, oder ich morde, oder ich morde mich selber. Abstand, um Gottes willen!
                                                       Ingeborg Bachmann

125

ES IST NICHT GUT, DASS DER MENSCH ALLEIN
SEI – Die Schwachheit des Menschen macht ihn gesellig;
unser gemeinschaftliches Elend bewegt unsere Herzen
zur Menschlichkeit; wir würden ihr nichts schuldig sein,
wenn wir keine Menschen wären. Jede Zuneigung ist ein
Zeichen dafür, daß wir uns nicht selbst genug sind. Wenn
ein jeder von uns nicht der andern bedürfte, würde er
kaum daran denken, sich mit ihnen zu vereinigen. So
entspringt selbst aus unserer Schwachheit unser zerbrech-
liches Glück. Ein wahrhaft glückliches Wesen ist ein
einsames Wesen. Gott allein genießt ein unumschränktes
Glück; wer von uns aber hat eine Vorstellung davon?
Wenn irgendein unvollkommenes Wesen sich selbst
genug sein könnte, was würde es nach unserer Meinung
genießen? Es würde allein sein; es würde elend sein. Ich
begreife nicht, wie derjenige, der nichts nötig hat, etwas
lieben kann; ich begreife nicht, wie derjenige, der nichts
liebt, glücklich sein kann.
Es folgt daraus, daß wir uns an unsere Mitmenschen
weniger durch die Empfindung ihrer Freuden als der
ihrer Schmerzen anschließen; den wir erkennen darin die
Gleichheit unserer Natur und die Bürgschaft für ihre
Anhänglichkeit an uns weit besser. Wenn uns unsere
gemeinschaftlichen Bedürfnisse durch Eigennutz vereinigen, so vereinigt uns unser gemeinschaftliches Elend
durch Zuneigung.
Menschen, seid menschlich; dies ist eure erste Pflicht!
Seid es gegen alle Stände, gegen jedes Alter, gegen alles,
was dem Menschen nicht fremd ist. Was für Weisheit gibt
es für euch außer der Menschlichkeit?

Jean-Jacques Rousseau

M an kann die
Menschen
nicht sehr geliebt
haben, wenn man mit
vierzig Jahren kein
Menschenfeind ist.

Chamfort

„als ob die Welt nicht mehr existierte …", Bild unten: Dendrite, Ein Einsiedler der Wildnis, Bild oben: Baradate, Ein syrischer Einsiedler

Wir müssen die Natur und die Menschen lieben, trotz allen Unrats.

Jules Renard

Johann Heinrich Wilhelm Tischbein, Satyr-Familie, 1819/20

DER WAHRE TIEFE FRIEDE DES HERZENS. –

Überhaupt aber kann jeder *im vollkommensten Einklange* nur mit sich selbst stehen; nicht mit seinem Freunde, nicht mit seiner Geliebten: denn die Unterschiede der Individualität und Stimmung führen allemal eine, wenn auch geringe Dissonanz herbei. Daher ist der wahre tiefe Friede des Herzens und die vollkommene Gemütsruhe, dieses nächst der Gesundheit höchste irdische Gut, allein in der Einsamkeit zu finden und als dauernde Stimmung nur in der tiefsten Zurückgezogenheit. Ist dann das eigene Selbst groß und reich, so genießt man den glücklichsten Zustand, der auf dieser armen Erde gefunden werden mag.

Ja es sei herausgesagt: so eng auch Freundschaft, Liebe und Ehe Menschen verbinden, *ganz* ehrlich meint jeder es am Ende doch nur mit sich selbst und höchstens noch mit seinem Kinde.

Arthur Schopenhauer

Die Unterhaltung allein zu bestreiten, ist doch das beste Mittel zu übersehen, daß die anderen Dummköpfe sind.

Jules Renard

UNTER EINEM DACH – Man kann die Frage hören, warum nicht alle Menschen zusammen gleichsam eine einzige Nation bilden, warum sie nicht die gleiche Sprache sprechen, unter den gleichen Gesetzen leben, dieselben Gebräuche und dieselbe Religion angenommen haben; wenn ich aber an den Widerstreit der Geister, Neigungen und Gefühle denke, so wundere ich mich, daß sich auch nur sieben oder acht Personen unter einem Dach, in einem Raum zu einer Familie zusammenfinden.

La Bruyère

Von dem, was der Mensch sein sollte, wissen auch die Besten nichts Zuverlässiges. Von dem, was er ist, kann man aus jedem etwas lernen.

Georg Christoph Lichtenberg

VOM SCHEIN ZUR GESINNUNG – Die Menschen sind insgesamt, je zivilisierter, desto mehr Schauspieler; sie nehmen den Schein der Zuneigung, der Achtung vor anderen, der Sittsamkeit, der Uneigennützigkeit an, ohne irgend jemand dadurch zu betrügen, weil ein jeder andere, daß es hiemit eben nicht herzlich gemeint sei, dabei einverständigt ist, und es ist auch sehr gut, daß es so in der Welt zugeht. Denn dadurch, daß Menschen diese Rolle spielen, werden zuletzt die Tugenden, deren Schein sie eine geraume Zeit hindurch nur gekünstelt haben, nach und nach wohl wirklich erweckt und gehen in die Gesinnung über. Immanuel Kant

Ereifern wir uns nicht gegen die Menschen, wenn wir ihre Gefühllosigkeit, ihre Undankbarkeit, ihre Ungerechtigkeit, ihren Hochmut, ihre Eigenliebe und ihre Gleichgültigkeit gegen andre sehen: sie sind einmal so geartet, das ist ihre Natur; ebenso gut könnte man sich dagegen auflehnen, daß der Stein fällt und das Feuer emporsteigt.

La Bruyère

Josef Kainz in der Rolle des „Alceste" im Molièreschen „Menschenfeind",
Burgtheater, 1900

Wissen Sie mir einen ärmeren Mann zwischen Himmel und Erde als den Menschenfeind?

Friedrich Schiller

Carl Spitzweg, Der arme Poet, 1839

PHILOSOPHEN UND DICHTER – Ein Philosoph, ein Dichter sind fast notwendig Menschenfeinde. Erstens, weil ihr Geschmack und ihr Talent sie zum Studium der menschlichen Gesellschaft veranlassen, eine Beschäftigung, die fast immer das Herz angreift. Zweitens, weil ihr Talent fast nie von der Gesellschaft belohnt und nur im besten Fall nicht bestraft wird, und das steigert noch ihre Melancholie.   Chamfort

Letzten Endes ist ja alles ein Betrug, überspitzt gesagt, ein gigantischer. Nur: Alle Menschen, solange sie leben, fühlen sich in dem Betrogenwerden ja sauwohl. Das sieht man ja an sich selbst. Man eckt ja jeden Tag an irgendeinem Betrug an. Ob's ein Gastwirt ist oder in einem Kaffeehaus oder am Meer oder im Gebirge – im Grunde ist alles ein Betrug und ein Selbstbetrug, aber eigentlich großartig. Ohne den Betrug würde ja alles zusammenfallen und wär' nix mehr. Die Welt ist ja als ganzes ein Betrug, nicht. Und das Himmelreich ist auch einer, und die Hölle ist auch einer. Also, es gibt den Betrug da, wo man lebt, nämlich auf der Erde. Und wenn man stirbt, ist es auch ein Betrug. Aber vielleicht, wenn Sie in den Himmel kommen, ist es keiner, möglicherweise. Freuen Sie sich drauf!   Thomas Bernhard

Ich bin wie die meisten Menschen nicht für die Gemeinschaft geboren. Die Rücksichten, mit denen andere gesellschaftsfähig werden, daß heißt: die zahllosen Infamien, die ihren Zusammenhalt garantieren, sind mir daher, als dem Ungeselligen, aufs schärfste bemerkbar und unerträglich.   Botho Strauß

Auch der aufrichtigste Menschenfeind erinnert gelegentlich an jenen alten, bettlägerigen, völlig vergessenen Dichter, der in seinem Zorn auf die Zeitgenossen erklärt hatte, er wolle keinen von ihnen mehr empfangen. Aus Mitleid läutete seine Gattin dann und wann am Eingang ...

Cioran

SEIN GEHEIMNIS BEWAHREN – Jedesmal wenn man seinen Schwächen nachgibt, jedesmal, wenn man denkt und lebt, um etwas zu „scheinen", begeht man Verrat. Jedesmal war es das große Unglück, etwas scheinen zu wollen, das mich angesichts des Wahren kleiner gemacht hat. Es ist nicht nötig, sich den anderen anzuvertrauen, sondern nur denen, die man liebt. Denn in dem Fall gibt man sich nicht mehr preis, um etwas zu scheinen, sondern einzig, um zu schenken. Es steckt viel mehr Kraft in einem Menschen, der nur etwas scheint, wenn es sein muß. Bis zum Ende gehen heißt, sein Geheimnis bewahren können. Ich habe unter dem Alleinsein gelitten, aber weil ich mein Geheimnis bewahrte, habe ich die Qual des Alleinseins überwunden. Und heute kenne ich keinen größeren Ruhm, als allein und unbeachtet zu leben. Schreiben, meine tiefe Freude! Ja sagen zur Welt und zum Genuß, aber nur in der Entblößung. Ich wäre nicht würdig, die Blöße des Strandes zu lieben, wenn ich es nicht verstünde, vor mir selber bloß dazustehen. Zum ersten Male scheint der Sinn des Wortes Glück mir nicht zweideutig. Es bedeutet ein wenig das Gegenteil dessen, was man gewöhnlich unter „ich bin glücklich" versteht.

Albert Camus

Louis-Léopold Boilly, Studie über 35 Gesichtsausdrücke

UNSER ÜBEL SITZT UNS IN DER SEELE — Es läßt sich überall gut und schlecht handeln: indessen wenn das Wort Bias wahr ist, daß der schlechteste Teil der größte ist, oder wie der Prediger Salomo sagt, daß unter Tausend nicht ein Guter gefunden werde, so ist die Gefahr der Ansteckung im Gedränge sehr groß. Man muß die Verderbten entweder nachahmen, oder sie hassen. Beides ist verfänglich, sowohl ihnen zu gleichen, weil ihrer viele sind; als ihrer viele zu hassen, weil sie verschieden sind. Wenn wir aber auch auf dem Hofe und den Geschäften abgesagt haben, so haben wir uns noch nicht der größten Quälgeister unseres Lebens entledigt. Der Ehrgeiz, die Habsucht, die Unentschlossenheit, die Furcht und andere Begierden verlassen uns nicht, weil wir die Gegend verändern. Sie folgen uns oft bis in die Klöster und in die Schulen der Philosophie. Weder Wüsten, noch Felsenhöhlen, noch härenes Gewand, noch Fasten befreien uns davon.

Es ist nicht genug, sich von der großen Herde abgesondert zu haben; es ist nicht genug, den Ort zu wechseln, man muß sich von den Herdentrieben befreien, die in uns selbst sind: man muß sich losreißen und zu sich selber zurückführen.

Wir schleppen unsere Ketten mit uns: es ist keine ganze Freiheit, wir wenden noch den Blick zurück nach dem, was wir hinter uns gelassen haben, und unsere Gedanken sind voll davon.

Unser Übel sitzt uns in der Seele; sie aber kann sich selbst nicht entrinnen.

So müssen wir sie denn in sich selbst heimführen und Einkehr halten lassen; das ist die wahre Einsamkeit, der man sich inmitten der Städte und der Königshöfe hingeben kann; doch ungestörter läßt sich im Stillen genießen.

Da wir uns aber vorsetzen, allein zu leben und auf Gesellschaft zu verzichten, sorgen wir auch dafür, daß unsere Zufriedenheit nur von uns abhänge: entsagen wir allen Bindungen, die uns an andere Menschen ketten, gewinnen wir es über uns, wahrhaft allein und mit Wohlbehagen allein leben zu können.

Machen wir uns von jenen lebhaften Verstrickungen los, die uns anderwärts haften lassen und uns uns selber entfremden. Man muß diese starken Bande lösen und noch dies oder jenes gern haben, aber sich an nichts binden als an uns selbst. Das heißt, das übrige mag unser sein, doch nicht so mit uns verheftet und verkittet, daß man es nicht von uns wegnehmen könne, ohne uns zu verletzen und ein Stück von uns mit wegzureißen. Das Größte in der Welt ist, sich selbst gehören zu können.

Michel de Montaigne

Vignette oben links: Anatomische Darstellung des Herzens, Holzschnitt, 1532
Bild in der Klappe: Carl Wilhelm Kolbe d. Ä., „Auch ich war in Arkadien“,
Radierung, um 1801

ÜBER
DEN DICHTER

*Ich verachte die kleinlichen Seelen, die, weil sie die
Wirkungen der Dinge zu weit voraussehen, nichts
zu unternehmen wagen.*
Molière

MERCURE DE FRANCE

Molière war weder zu dick noch zu dünn; er war eher groß als klein gewachsen, hatte vornehme Haltung, gutgeformte Beine; er ging gravitätisch einher, sah sehr ernst aus; seine Nase war kräftig, der Mund groß, die Lippen stark, die Gesichtsfarbe dunkel, die Brauen schwarz und dicht, und wenn er sie mannigfach bewegte, konnte sein Gesicht äußerst komisch wirken. Sein Charakter war sanft, gefällig, edel; er hielt gerne Ansprachen, und wenn er seine Stücke den Schauspielern vorlas, wollte er, daß sie ihre Kinder mitnähmen, um aus deren naiven Bewegungen seine Schlüsse ziehen zu können.

Mercure de France, franz. Zeitschrift, 1672 gegr. von
Donneau de Visé, aus einer Ausgabe vom Mai 1740

Bild rechts: Molière. Zeichnung von Roland Lefebvre

J. B. Poquelin Molière.

1622–1673

ANOUILH

Molière hat in der Form der Komödie die schwärzesten Theaterstücke der Literatur aller Zeiten geschrieben. Molière hat das Tier Mensch wie ein Insekt aufgespießt und löst mit feiner Pinzette seine Reflexe aus. Und das Insekt Mensch zeigt nur den einen, immer gleichen Reflex, der bei der geringsten Berührung aufzuckt: den des Egoismus. Dank Molière ist das wahre französische Theater das einzige, in dem keine Messen gelesen werden. Vielmehr lacht man – wie die Männer im Krieg lachen – die Füße im Dreck, die warme Suppe im Bauch und die Waffe in der Hand – lacht über unser Elend und unser Entsetzen.

Jean Anouilh (1910–1987), Dramatiker, Regisseur, aus seiner Rede in der Comédie Française am 15. Jänner 1959

FRIEDELL

Wollte man die drei großen Dramatiker jenes Zeitalters mit den drei großen griechischen Tragikern vergleichen, wobei natürlich nicht die dichterische Qualität, sondern nur das gegenseitige Verhältnis in Parallele gestellt werden soll, so würde dem in mancher Beziehung noch archaischen Corneille Aischylos entsprechen, dem weiblicheren und differenzierteren Racine Sophokles, dem problematischen und seelenkundigen Molière aber Euripides, der fast ebenfalls ein Komödiendichter war und einen ebenso zähen und vergeblichen Kampf gegen die ihm aufgezwungene Theaterform geführt hat. Denn die demokratischen und skeptischen Griechen um Perikles waren in Fragen der äußeren Form ebenso unerbittlich konservativ wie die aristokratischen und dogmatischen Franzosen um Ludwig XIV. Euripides, der reiche müde Erbe einer Kultur, die in Lebensweisheit, Ausdruckstechnik, Kunst des Sehens und Hörens nahezu bis an die letzten Grenzen gelangt war, sah sich genötigt, seine psychologischen Differentialkalküle mit äußeren Mitteln zur Darstellung zu bringen, die für einen Indianertanz oder einen Dorfzirkus gerade noch fein genug gewesen wären; und Molières zappelnde Lebendigkeit, misanthropische Zerrissenheit und opalisierende Laune wurde in einen langweiligen vergoldeten Salon gesperrt, unter Menschen, deren höchster Ehrgeiz es war, das Aussehen und Gefühlsleben einer Drahtpuppe zu erlangen. Darum ist Molière, obgleich scheinbar der Lustigmacher unter den Dreien, in Wahrheit die tragische Figur unter ihnen. Daß er auch der größte war, hatten schon einige seiner urteilsfähigsten Zeitgenossen erkannt. Als Boileau von

Ludwig XIV. gefragt wurde, wer der wertvollste Dichter des Zeitalters sei, antwortete er: „Majestät, das ist Monsieur Molière." „Das hätte ich nicht gedacht", erwiderte der König, „aber Sie müssen es ja besser wissen." Strindberg sagt im Nachwort zu „Fräulein Julie": „Die Lust, die Menschen einfach zu sehen, ist noch bei dem großen Molière vorhanden. Harpagon ist nur geizig, obwohl Harpagon nicht bloß ein Geizkragen, sondern auch ein ausgezeichneter Finanzier hätte sein können, ein prächtiger Vater, ein gutes Gemeindemitglied." Wiewohl diese Kritik im Prinzip vollkommen recht hat, tut sie Molière dennoch unrecht, indem sie übersieht, daß dieser gar nichts anderes geben *durfte* als die Gleichungen des Geizigen, des Hypochonders, des Heuchlers, des Parvenus, der frechen Kammerzofe, des treuen Liebhabers. Er mußte mit Schablonen malen, weil es die Kundschaft so wünschte, und es ist doppelt bewundernswert, daß er mit dieser groben und geistlosen Technik so abwechslungsreiche und pikante, originelle und lebensprühende Muster zustande brachte. Er mußte seine chaotische Zwiespältigkeit und Unruhe in Gestalten ausleben, die uns heute in ihrer künstlichen Primitivität gespenstisch anmuten, denn er war der Hanswurst eines großen Herrn, eines noch mächtigeren, selbstherrlicheren und eigensinnigeren, als es selbst Ludwig XIV. war; er war der Hofnarr des Zeitgeists! Er war aber doch noch etwas mehr: nämlich ein moralischer Gesetzgeber, wenn auch nur versteckt und sozusagen anonym. Dies ist im Grunde die Mission jedes genialen Komödiendichters: sie ist von Shakespeare so gut erfüllt worden wie von Shaw, von Ibsen so gut wie von Nestroy; sie alle waren heimliche Lehrer der Sittlichkeit und Sitte.   Egon Friedell (1878–1938), Schriftsteller, Kabarettleiter, Theaterkritiker, Schauspieler, aus der „Kulturgeschichte der Neuzeit", 1927–1932

KLABUND

Molière hat die Menschen, die er schuf, nicht nur erlebt, er hat sie auch gespielt. Er trat in seinen eigenen Stücken auf und ließ sich als Sganarelle verprügeln. Im Mittelpunkt steht immer ein bis ins peinlichste genau geschilderter Charakter, der an sich und in sich komisch oder tragikomisch wirkt und der doch gleichzeitig ein Laster symbolisiert: den Geiz, die Heuchelei, den Hochmut („Tartuffe", „Der eingebildete Kranke", „Der Geizige"). Er verspottet auch, wie in den „Preziösen", geistige Moden seiner Zeit. Der Heuchler „Tartuffe" bildet den Höhepunkt des französischen Theaters. Schon Goethe hat den tragischen Zug in Molières Komödien festgestellt, der besonders im „Misanthrop" und im „Geizhals" die Komödie weinend übergrinst. Molières Tod ist selbst eine Tragikomödie. Er spielte den eingebildeten Kranken, eine seiner Lieblingsrollen: als aus dem Spiel unversehens Ernst wurde – und der verspottete Tod ihm den Puls zudrückte, den er sich „im Spaß" gefühlt.

Klabund alias Alfred Henschke (1890–1928), Lyriker, Erzähler, Übersetzer, aus der „Literaturgeschichte", 1929

Molière. Stich von Jean-Baptiste Nolin nach Pierre Mignard

HOFMANNSTHAL

Da war dieser Mensch Poquelin, genannt Molière, Hofbediensteter, Tapezierer, Schauspieler. Er war ein Kind des Volkes. Er liebte den gesunden natürlichen Verstand und liebte nicht die Besonderheiten. Er konnte, was er wollte, und wollte nichts anderes, als was er konnte. Er hat sein Handwerk verstanden wie kein zweiter. Was das Wesen Molières, den Menschen anlangt, so hat er auf diesen nicht sehr aufgepaßt; er hat sich nicht überschätzt. Er war Schauspieldirektor, Gatte, Betrogener, Lustigmacher; dabei war er unsäglich einsam, aber natürlich fortwährend unter Menschen, umgeben von dem Haß unfähiger Literaten, schlechter Schauspieler, frecher Höflinge, frommtuender Intriganten. Aber er war ein tiefer Kopf, einer der tiefsten und stärksten Köpfe seines Jahrhunderts, nein, aller Jahrhunderte. Es war in ihm etwas, das einen Rousseau aufreizte, aber einen Goethe mit nie erlöschender ehrfürchtiger Liebe erfüllte. Was war dies?

Den Werken haftet etwas Bürgerliches an. Zwar, der „Misanthrop" ist ein unvergängliches ernstes Lustspiel, und die „Schule der Frauen" steht vielleicht noch darüber, man hat sie seinen „Hamlet" genannt. Aber immerhin: hier ist nichts, das sich, was den geistigen Gehalt anlangt, neben den großen Werken Goethes hielte, geschweige denn neben Calderon, neben Shakespeare, neben Dante. Die Franzosen selbst zögern, ihn „Dichter" zu nennen; sie sind zurückhaltend und verstehen abzuwägen. Aber aus diesem ganzen dichterischen Werk sieht uns ein schmerzlich vergeistigtes, unendlich edles und überlegenes Gesicht an, die Lebensmaske eines vollkommenen Menschen. Wir erkennen kaum mehr darin die Merkmale einer Nation, und erkennen sie dennoch, aber zugleich etwas höchst Allgemeines, Europäisches, ja Menschliches. Alle Qual, alle Duldung, alles Verstehen ist darin reine geistige Kraft und Heiterkeit geworden. Wir stehen mit Ehrfurcht vor einer Figur, die mit keinen Maßen, die außer ihr lägen, zu messen ist – vor dem gültigen Repräsentanten einer der großen Nationen Europas.

Hugo von Hofmannsthal (1874–1929), Lyriker, Dramatiker, Erzähler und Essayist, aus „Worte zum Gedächtnis Molières", 1921

DÜRRENMATT

Molières Bedeutung auf der deutschsprachigen Bühne liegt allein in seinen Gestalten. Seine Form und seine Stoffe entstammen einer Komödientradition, die weit in die Antike zurückreicht, doch die Weise, wie er die ewigen Typen des Geizigen, des betrogenen Ehemannes oder des Menschenfeindes sah, stoßen sie aus dem Typischen in den Charakter und ins Dämonische. Seine Menschen sind stärker als seine Sprache, der Unübersetzliche wird auf deutsch spielbar. Aus zwei Gründen. Weil er – das mag ein Paradox sein – in seiner eigenen Sprache so großartig schrieb und weil er – das ist das Entscheidende – ein Schauspieler war: er schrieb von der Schauspielerei her, er gestaltete als Schauspieler. Molière ist zugleich ein großer Dichter und ein eminenter Theaterpraktiker wie Shakespeare und in der neuesten Zeit Brecht.

Friedrich Dürrenmatt (1921–1990), Dramatiker, Erzähler, Essayist, aus: „Zum Tode Ernst Ginsbergs", 1964

Charles Le Brun, Molière-Allegorie,
das Laster und die Heuchelei

STANISLAWSKI

Wer kennt nicht die stereotype Molière-Einheitsform? Sie ist die gleiche für alle seine und ihnen ähnliche Stücke. Versuchen Sie sich die Aufmachung und Inszenierung eines seiner Werke ins Gedächtnis zurückzurufen, und Sie haben damit gleichzeitig die Inszenierung aller seiner Stücke in allen Theatern. Ihnen sind alle Orgons, Cléantes, Sganarelles gegenwärtig, die Sie je gesehen haben und die alle einander ähnlich sind wie Wassertropfen. Das ist ja gerade die geheiligte Tradition, die alle Theater zu wahren sich bemühen. Aber wo ist denn nun Molière eigentlich? Er ist in der Tasche der Uniform versteckt. Vor lauter Traditionen ist er gar nicht zu sehen. Aber lesen Sie indessen mal sein „Vorspiel in Versailles", und Sie werden erfahren, daß Molière selbst gerade das sehr scharf verurteilt, was das Wesen der ihm zugeschriebenen Tradition ausmacht. Was kann langweiliger sein als Molière-Traditionen auf der Bühne? Das ist nun Molière „wie immer", Molière „wie er sich gehört", Molière „allgemein". Ein fürchterliches und fürs Theater unheilvolles Wort, dieses „allgemein"! Das Schwerste für den auf der Bühne Stehenden ist, das, was auf ihr geschieht, wirklich zu glauben und es völlig ernst zu nehmen. Aber ohne Glauben, ohne diese Ernsthaftigkeit kann man keine Komödie, keine Satire spielen, besonders keine französische, klassische, molièresche.

Konstantin Sergejewitsch Stanislawski (1863–1938), Schauspieler, Regisseur, Theaterdirektor, Theatertheoretiker und Lehrer der Schauspielkunst, aus: „Mein Leben in der Kunst", 1958

JOUVET

Es gibt nur einen Grund, der meine Anwesenheit hier vor Ihnen rechtfertigt und mich autorisiert, von Molière oder seinen Kommentatoren zu sprechen, nämlich daß ich die Ehre habe, denselben Beruf auszuüben wie er.

Es ist kein ganz ungewichtiges Argument dafür, daß man von Molière zu sprechen wagt, wenn man es als Ausübender seines Metiers tun kann, denn mehr noch als ein Dramatiker und ein Dichter ist Molière in erster Linie Schauspieler gewesen, und ohne die geringste Befürchtung, ich könnte Monsieur Josse dadurch gleichen, möchte ich behaupten, daß man hier vielleicht zunächst einmal das Geheimnis seiner Kunst und seines Genies zu suchen hat.

Wenn man selber Schauspieler ist, kommt man Molière näher als irgend jemand sonst. Mit diesem Rechtsanspruch kann ein Komödiant vom Theater sprechen, denn Molière ist das Theater selbst, ein Mann des Theaters und seiner Tradition, das heißt der Intuition, ein Mann, der die Geheimlehre der Religion beherrscht, die wir alle ganz von selbst ausüben, ohne sie zu kennen, indem wir das Theater besuchen.

Was einem gerade in allen diesen Stücken auffällt, ist die gewisse Unwirklichkeit oder Überwirklichkeit des Stoffs. In der Luft hängend wie ein Spinnennetz im Laub, wie ein Baldachin oder ein Betthimmel, auf Achsen gelagert wie eine Kutsche, einer im Kompaßgehäuse zitternden Magnetnadel ähnlich, leicht wie eine Stickerei oder ein Spitzenmuster, wird gerade durch diesen lockeren Schwebezustand der Gegenstand wahrer als die Natur. Eine Komödie Molières ist eine unwirkliche Erzählung, eine sagenhafte Chronik, die durch die Zügel der Konvention, den Laufgürtel des Geistes und die französische Vernunft vor jeder Berührung mit Unreinheiten bewahrt, von jeder Realität ferngehalten wird und dank ihnen ihr Schillern, ihr Schwingen, ihr Weben im Innern und zugleich einen königlichen, edlen Charakter erhält.

Meine Damen und Herren, glauben Sie einem Mann, der seine Zeit damit verbracht hat, die Gestalten von Molière zu erforschen, sie aus nächster Nähe zu betrachten, täglich mit ihnen Umgang zu pflegen, sie zu beobachten und sie durch alle ihm möglichen Untersuchungen auf ihren Wegen zu verfolgen; diese Gestalten haben mit dem gesunden Menschenverstand nichts zu tun, und wenn ich mir gestatten darf, sie zu charakterisieren, so möchte ich sagen, sie sind alle etwas verrückt. Wenn wir nicht davon ausgehen, können wir auf keine Weise in ihre Psychologie eindringen. Sie sind verrückt, wie die Dichter verrückt sind, und komisch wie – in einem erhabenen Sinne – die Narren und die Dichter – die einzigen interessanten Wesen übrigens, die es gibt.

Arnolphe, Orgon und Alceste auf andere Weise erklären zu wollen, würde eitel Torheit sein, denn die Unvernunft Alcestes ist nicht geringer als die Verrücktheit eines Don Quichott. Ihr Übermaß an Menschlichkeit ist daran schuld, eine bis zu einem ungewöhnlichen Grad gesteigerte Menschlichkeit, die sie auf eine vollendet poetische und lyrische Art aller Normalität enthebt. Sie sind das Gegenteil von jenen bürgerlichen Typen, die Pädagogen, Psychologen, Kommentatoren und auch Schauspieler auf unser Niveau und unser Alltagsmilieu haben herabdrükken und vermenschlichen wollen. Als Nachtwandler, Mondsüchtige, die sie sind, erscheinen sie uns komisch wie Gulliver den Bewohnern von Liliput. Wir lachen über sie, weil wir kleiner sind, weil sie uns mit ihren Fehlern groß erscheinen und weil Molière sie gewisserweise vergöttlicht hat. In dieser Absolutheit liegt ihre Poesie. „Die Posse", sagt Claudel, „ist der höchste Ausdruck der Lyrik."

Die Gestalten Molières sind verrückt, aber es handelt sich bei ihnen nicht um die Art von Verrücktheit, mit der die Psychiater sich beschäftigen, sondern um jene erhabene Unvernunft, jene Extravaganz, jenes Absolute, durch das die Menschen herausgehoben werden und eine gewisse Zahl von ihnen oberhalb des Normalen ihr einsames Dasein in einer Zone führt, in der man nur Helden, Dichtern und Heiligen begegnet. Denn Molière, den man als den Mann der Vernunft abgestempelt hat, ist der Mann, der am tiefsten empfunden und am besten begriffen hat, worin die Unvernunft besteht, und sein Theater, das seinen Kommentatoren als ein Triumph der Vernunft erscheint, ist in Wirklichkeit das Reich jener wundervollen Unvernunft, die man Poesie nennt.

Louis Jouvet (1887–1951), Schauspieler, Bühnenbildner, Regisseur und Intendant, aus einem Vortrag über Molière vom 16. Februar 1937

Molière ist es immer geglückt, über alle sich lustig zu
machen,
Jeden hat er gespielt, in der oder jener Verkleidung.
Und um zum Schluß noch sein Werk konsequent zu
vollenden,
Spielt er sich selber sogar – und daran ist er gestorben.

Nach einem lateinischen Epitaph

Am 10. Februar 1673 wird DER EINGEBILDETE KRANKE im Palais
Royal in Paris uraufgeführt. Molière spielt – wie in allen seinen Stücken
– die Titelrolle; nach der 4. Aufführung, am 17. Februar, bricht er
zusammen und stirbt wenig später in seiner Wohnung in der Rue de
Richelieu. Die Kirche verbietet seine Bestattung in „geweihter Erde"; am
21. Februar begraben ihn seine Freunde heimlich nachts auf dem
Friedhof Saint-Joseph. Als Molières letzte Worte sind überliefert:
„Solange sich Schmerz und Freude in meinem Leben die Waage hielten,
hielt ich mich für glücklich. Heute, wo ich nur Plage habe, sehe ich, daß
ich das Spiel aufgeben muß; ich komme nicht mehr auf gegen Kummer
und Schmerzen, die mir keinen Moment Ruhe gönnen. Was leidet der
Mensch, ehe er stirbt."

BILDER

Peter Burke, LUDWIG XIV. Die Inszenierung des Sonnenkönigs. Berlin: Verlag Klaus Wagenbach, 1993 (S. 8). Sylvie Chevalley, MOLIÈRE ET SON TEMPS, 1622–1673, Paris und Genf: Éditions Minkoff, 1973 (S. 14, 97, 139, 148). Stephen Varick Dock, COSTUME & FASHION IN THE PLAYS OF JEAN-BAPTISTE POQUELIN MOLIÈRE, A Seventeenth-Century Perspective, Genf: Éditions Slatkine, 1992 (S. 14, 97). Jean-Jacques Courtine/Claudine Haroche, HISTOIRE DU VISAGE, Exprimer et taire ses émotions, Paris: Éditions Rivages, 1988 (S. 100). Werner Hofmann, DAS IRDISCHE PARADIES – Motive und Ideen des 19. Jahrhunderts, München: Prestel-Verlag, 1960 und 1976 (S. 101). KARL LAGERFELD „off the record", Design Visionen, hrsg. von Uta Brandes, Göttingen: Steidl Verlag, 1994 (S. 103, 119). Morus (Richard Lewinsohn), EINE WELTGESCHICHTE DES HERZENS, Hamburg: Rowohlt Verlag, 1959 (S. 104). WESTWÄRTS, Fotografien von Gerhard Gäbler 1980–1994, München: Nazraeli Press, 1994 (S. 105). DIE BEREDSAMKEIT DES LEIBES, Zur Körpersprache in der Kunst, Salzburg und Wien: Residenz Verlag, 1992 (S. 106). Alexander Dückers, MAX KLINGER, Berlin: Rembrandt Verlag, 1976 (S. 108). L'ÂME AU CORPS, Arts et sciences, 1793–1993, Ausstellungskatalog der Galeries nationales de Paris, hergestellt unter der Leitung von Jean Clair, Paris: Gallimard/Electa, 1994 (S. 111, 123, 135). Jean Clair/Cathrin Pichler/Wolfgang Pichler, WUNDERBLOCK, Eine Geschichte der modernen Seele, Wien: Löcker Verlag, 1989 (S. 112, 114). BILD ALS WAFFE, Mittel und Motive der KARIKATUR in fünf Jahrhunderten, hrsg. von Gerhard Langemeyer et al., München: Prestel-Verlag, 1984 (S. 113). TOPOR, TOD UND TEUFEL, hrsg. von Gina Kehayoff und Christoph Stölzl, Zürich: Diogenes Verlag, 1985 (S. 115). Thomas Kirchner, L'EXPRESSIONS DES PASSIONS – Ausdruck als Darstellungsproblem in der französischen Kunst und Kunsttheorie des 17. und 18. Jahrhunderts, Mainz: Verlag Philipp von Zabern, 1991 (S. 116). Marco Bertin/Antonio Giarola, CARNEVAL, Venedig: MG Edizioni, 1993 (S. 117). Johann Caspar Lavater, PHYSIOGNOMIK, Zur Beförderung der Menschenkenntniß und Menschenliebe, Wien: J. P. Sollinger, 1829 (S. 121). Staatliche Kunstsammlungen Dresden, GEMÄLDEGALERIE NEUE MEISTER, Dresden, Heidenau, 1983 (S. 124). Jacques Lacarrière, LES HOMMES IVRES DE DIEU, Paris: B. Arthaud, 1961 (S. 127). ARKADIEN, Landschaft vergänglichen Glücks, hrsg. von Petra Maisak und Corinna Fiedler, Frankfurt am Main und Leipzig: Insel Verlag, 1992 (S. 128). JOSEF KAINZ ALS ALCESTE, Photographie aus dem Archiv des Burgtheaters (S. 131). Hermann Uhde-Bernays, CARL SPITZWEG, Des Meisters Leben und Werke, München: Piper Verlag, o. J. (S. 132). EUROPA 1789. AUFKLÄRUNG, VERKLÄRUNG, VERFALL, hrsg. von Werner Hofmann, Köln: Du Mont, 1989 (Bild in der Klappe). Georges Bordonove, MOLIÈRE, GÉNIAL ET FAMILIER, Paris: Robert Laffont, 1967 (S. 144).

TEXTE

INGEBORG BACHMANN, Werke Bd. 2, hrsg. von Christine Koschel, Inge von Weidenbaum und Clemens Münster, München und Zürich: R. Piper & Co. Verlag, 1978. HENRI BERGSON, Das Lachen, Ein Essay über die Bedeutung des Komischen, aus dem Französischen von Roswitha Plancherel-Walter, Darmstadt: Luchterhand Literaturverlag, 1988. THOMAS BERNHARD – EINE BEGEGNUNG, Gespräche mit Krista Fleischmann, Wien: Edition S, Verlag der Österreichischen Staatsdruckerei, 1991. ALBERT CAMUS, Tagebücher 1935–1951, Reinbek: Rowohlt Taschenbuch Verlag, 1972. E. M. CIORAN, Vom Nachteil, geboren zu sein, deutsch von François Bondy, Frankfurt am Main, 1979. FRIEDRICH DÜRRENMATT, Theater-Schriften und Reden, Zürich: Diogenes, 1966. THEODOR FONTANE, „Alles kommt auf die Beleuchtung an", Fontane zum Vergnügen, hrsg. von Christian Grawe, Stuttgart: Philipp Reclam jun., 1994. DIE FRANZÖSISCHEN MORALISTEN, Bd. 1, deutsch von Fritz Schalk, Bremen: Carl Schünemann Verlag, 1962 (Chamfort, Vauvenargues). EGON FRIEDELL, Kulturgeschichte der Neuzeit, München 1969. DAS BUCH DER INSELN, ausgewählt von Lothar Meyer, Frankfurt am Main: Insel Verlag, 1990 (Der Einsiedler, von Grimmelshausen). HERMANN HESSE, Lektüre für Minuten, Gedanken aus seinen Büchern und Briefen, ausgewählt von Volker Michels, Frankfurt am Main: Suhrkamp Verlag, 1971. HERMANN HESSE, Lektüre für Minuten, Neue Folge, Frankfurt am Main, Suhrkamp Verlag, 1976. HUGO VON HOFMANNSTHAL, Gesammelte Werke in Einzelausgaben, hrsg. von Herbert Steiner, Prosa IV, Frankfurt am Main: Fischer, 1955. IMMANUEL KANT, Anthropologie in pragmatischer Hinsicht, hrsg. von Karl Vorländer, Hamburg: Felix Meiner Verlag, 1980. LA BRUYÈRE, Die Charaktere oder Die Sitten des Jahrhunderts, neu übertragen und herausgegeben von Gerhard Hess, Leipzig: Dieterich'sche Verlagsbuchhandlung, 1940. LUKIAN VON SAMOSATA, Lügengeschichten und Dialoge, aus dem Griechischen übersetzt und mit Anmerkungen und Erläuterungen versehen von Christoph Martin Wieland, Nördlingen: Franz Greno, 1985. MICHEL DE MONTAIGNE, Essais, deutsch von Herbert Lüthy, Manesse Verlag, Zürich 1943. MOLIÈRE, mit Selbstzeugnissen und Bilddokumenten, dargestellt von Friedrich Hartau, Reinbek: Rowohlt, 1991. ÜBER MOLIÈRE, hrsg. von Christian Strich, Rémy Charbon und Gerd Haffmans, Zürich: Diogenes, 1988. MOLIÈRE UND SEINE BÜHNE, Molière-Museum, Sammelwerk zur Förderung des Studiums des Dichters in Deutschland, hrsg. von Dr. Heinrich Schweitzer, V. Heft, Wiesbaden: Selbstverlag des Herausgebers, April 1883 (Gedichte von Molière in freier Übertragung von Friedrich von Bodenstedt). GEORG CHRISTOPH LICHTENBERG, Aphorismen, Eine Sammlung aus Lichtenbergs Gedankenbüchern, Leipzig: Philipp Reclam jun., 1944. FRIEDRICH NIETZSCHE, Werke in drei Bänden, Bd. 3, Kettwig: Phaidon Verlag, 1990. BLAISE PASCAL, Gedanken über Gott und den Menschen, Leipzig: Insel-Verlag, 1944. JULES RENARD, Ideen, in Tinte getaucht, Tagebuch-Aufzeichnungen, München: Deutscher Taschenbuch-Verlag GmbH & Co. KG, 1990. JEAN-JACQUES ROUSSEAU, Über Kunst und Wissenschaft und Über den Ursprung der Ungleichheit unter den Menschen, mit Einleitung, Übersetzung und Anmerkungen von Kurt Weigand, Hamburg: Felix Meiner Verlag, 1955. JEAN-JACQUES ROUSSEAU, Emile *oder* Von der Erziehung, Emile und Sophie *oder* Die Einsamen, München: Winkler Verlag, 1979. FRIEDRICH SCHILLER, Werke in sechs Haupt- und vier Ergänzungsbänden, hrsg. von Paul Merker, neunter Band: Gedichte/Dramen (aus dem dramatischen Fragment „Der Menschenfeind"), Leipzig: Philipp Reclam jun., o. J. ARTHUR SCHNITZLER, Aphorismen und Betrachtungen, Frankfurt am Main: Fischer, 1967. ARTHUR SCHOPENHAUER, Sämtliche Werke, textkritisch bearbeitet und hrsg. von Wolfgang Frhr. von Löhneysen, Band IV, Stuttgart/Frankfurt am Main: Cotta-Insel, 1963. KONSTANTIN S. STANISLAWSKI, Mein Leben in der Kunst, deutsch von Klaus Roose, Berlin 1958. BOTHO STRAUSS, Beginnlosigkeit, Reflexionen über Fleck und Linie, München und Wien: Carl Hanser Verlag, 1992. BOTHO STRAUSS, Niemand anderes, München: dtv, 1990. VOLTAIRE, Aphorismen und Gedankenblitze, zusammengestellt von Laurenz Wiedner, München: Wilhelm Heyne, 1979.